ALAIN DE PENENNRUN

Feuilles de Route Bulgares

JOURNAL DE MARCHE
D'UN
CORRESPONDANT DE GUERRE
PENDANT LA CAMPAGNE
DE THRACE

FEUILLES DE ROUTE

BULGARES

Le général Radko-Dimitrief.

ALAIN DE PENENNRUN

Feuilles de route
BULGARES

Journal de Marche d'un Correspondant de Guerre

EN THRACE

PENDANT LA CAMPAGNE DE 1912

PARIS

LIBRAIRIE CHAPELOT

MARC IMHAUS & RENÉ CHAPELOT, ÉDITEURS

30, Rue Dauphine, VI⁶ (Même Maison à NANCY)

1913

AVANT-PROPOS

——

Je m'étais toujours promis, si j'assistais à une campagne, d'en tracer jour par jour le tableau le plus fidèle et de noter mes impressions par le menu. A dire vrai, je me faisais quelque illusion sur ce que pouvait être une guerre. Mon imagination trop facile évoquait volontiers des tableaux puissants de luttes et de combats. Je croyais cela plus émouvant, plus élevé, plus haut dans l'azur, tandis que, tout au contraire, la guerre... c'est comme la vie courante, c'est plat, terre à terre... c'est de la petite souffrance, rarement de la grande. Cependant celle-ci a été nommée « une lutte de démons » tant l'acharnement y fut grand de part et d'autre, la haine poussée à son paroxysme entre les deux adversaires. Et c'est vrai ! Ils croyaient à la vérité et à la justice de leur cause. Ils savaient, surtout eux les captifs de cinq siècles, les libérés d'hier, ils savaient que leurs frères de Macédoine et de Thrace pleuraient des larmes sanglantes sous le joug détesté de l'Islam et voilà pourquoi ils marchaient durement, péniblement, au milieu de la désolation des hommes et des choses, sans jamais s'arrêter.

Je voulus donc les voir et les suivre. Dès les premiers bruits de guerre, je quittai Paris et j'accourus à Sofia. Je me heurtai au début à mille difficultés et mon bel enthousiasme en fut quelque peu déçu. Cependant, grâce à la qualité de représentant de l'*Illustration*, que l'amabilité de son directeur m'avait permis de prendre, je réussis à me faire accréditer auprès des armées bulgares en qualité de correspondant de guerre et à obtenir l'autorisation de les suivre dans leur vertigineuse randonnée à travers la Turquie.

Je rejoignis la plus célèbre d'entre elles, celle dont on parlera toujours lorsque l'on écrira l'histoire de cette campagne, l'armée du général Radko-Dimitrief. Je l'ai accompagnée jusqu'à Tchataldja et je ne la quittai qu'à la veille de l'armistice du 3 décembre.

Ce furent, nonobstant la fatigue, six émouvantes semaines où, malgré la pluie, la boue, la misère et la peine, j'ai vécu de véritables jours de soldat. Malgré ses horreurs et ses haines, cette guerre mérite qu'on la décrive, car lorsque, en dépit d'une certaine apparence générale de platitude et de faiblesse, telle que celle dont je parlais plus haut, l'on va au fond des choses et que l'on se penche pour regarder d'assez près les yeux de ceux qui la font, l'on aperçoit alors l'âme et le cœur qu'ils y mettent, la patience et l'énergie qu'ils y déploient. Bien que ce soit de l'humanité toute simple, c'est de l'humanité plus glorieuse et plus intéressante, parce qu'elle souffre.

Si ces modestes notes de voyage pouvaient avoir un but, ce serait assurément de montrer ce que « l'homme » devient au milieu de ces événements qu'il a déchaînés, comment ces derniers réagissent sur lui, ce qu'il a souffert et enduré là-bas pendant les dures journées d'octobre et de novembre 1912. Il m'est difficile de mieux définir l'état moral de l'être humain au milieu de pareilles tourmentes, autrement qu'en m'étudiant moi-même. Aussi, tout en m'excusant d'user indéfiniment du « moi haïssable », c'est à ma vie quotidienne, à mes impressions de tous les instants que j'aurai continuellement recours. Je raconterai mon départ de Paris, mon arrivée à Sofia, puis la longue et énervante attente à Starazagora, tandis que les premiers combats se livraient. Muni enfin de l'exeat, indispensable pour se mouvoir et donné sous la forme d'une lettre blanche très rarement distribuée, je volerai vers Mustapha-Pacha assister au siège d'Andrinople par l'armée du général Ivanof. Je me rendrai ensuite à travers les champs encore ensanglantés d'Ortakchi et de Seliolou jusqu'à Kirk-Kilissé. J'irai errant pendant deux jours au milieu des débris laissés par les Turcs entre Kavakli, Uskubdéré et Jana. Je parcourrai les tranchées turques de Bounarhissar et de Lüle-Bourgas où je trouverai les cadavres encore chauds d'une lutte de six jours qui s'achève seulement. Je poursuivrai avec Radko-Dimitrief les débris des troupes ottomanes jusqu'aux lignes de Tchataldja où, pendant trois autres journées, j'assisterai aux dernières mais vaines tentatives des Bulgares pour forcer dans son dernier refuge l'Osmanli acculé au Bosphore.

Puis, quand tout cela sera fini, je reviendrai : ce sera déjà presque la paix; mon retour ne sera qu'un long et douloureux voyage au milieu des blessés évacués après la dernière bataille. Les derniers adieux échangés, je quitterai alors mes amis les Bulgares et je reviendrai mélancoliquement vers la France, reprendre moi aussi, chien fidèle, le collier si cher de la discipline et du devoir en attendant que demain peut-être je rouvre mon carnet de notes de campagne pour y transcrire d'autres récits de guerre... d'une guerre où nous serons acteurs cette fois-ci!...

ALAIN DE PENENNRUN.

FEUILLES DE ROUTE

BULGARES

CHAPITRE I

DE PARIS A SOFIA

L'Orient-Express. — Belgrade. — A travers la Serbie. — Sofia. — La presse française. — La préparation bulgare. — La déclaration de guerre. — Les premières dépêches.

Mercredi, 16 octobre.

Les chapeaux se soulèvent, des mouchoirs s'agitent, une dernière fois nous serrons les mains qui se tendent, dans l'ombre les visages amis s'effacent et disparaissent, puis la nuit vient brusque et sombre frapper nos yeux tandis que l'Orient-Express martelant lourdement les plaques tournantes et les croisements d'aiguilles nous entraîne, machine puissante et formidable, vers l'Est, vers l'inconnu. Bernard et moi nous nous regardons un peu angoissés mais souriants quand même et tout de suite nos deux mains se serrent, appui mutuel et confiant que se donnent deux amis qui savent que désormais ils sont tout l'un pour l'autre. L'importance relative des menus préparatifs de la nuit nous absorbe ensuite et bientôt mollement étendus sur nos couchettes, nous sentons le sommeil venir nous apporter l'oubli de tout ce qui s'éloigne de nous et de tout ce qui s'en rapproche.

Le jour nous montre les rives du Danube, puis bientôt Augsbourg et enfin Münich où une courte halte dans l'immense gare nous permet un instant de nous dégourdir les jambes.

Münich, c'est avec plaisir que je revois la veille capitale bavaroise. Je songe à la Maximilianstrasse si proche, au Bayerischer-Hof, à la Pinacothèque, au Prinz-Regent Theater où, l'an passé, j'entendis l'incomparable *Walküre*, jouée divinement par la troupe de Bayreuth. L'exode recommence bientôt et le train nous emporte en tournant autour de la ville. Dans la blanche éclaircie d'une vaste place apparaît la statue gigantesque de « La Bavaria » noire, prodigieuse, colossale.

Mais tandis que plus loin surgissent les paysages familiers de l'Herrenchiemsee et les jolies collines qui entourent Salzbourg, la faim nous a poussés vers le wagon-restaurant où déjà nos compagnons de route sont à table. Les conversations sont naturellement peu longues à s'engager et vite elles vont à la chose capitale qui nous agite tous, la guerre imminente en Orient. L'un doute encore qu'elle éclate, l'autre tient pour assuré que les hostilités sont déjà commencées. Il y a là non seulement plusieurs journalistes comme nous, mais aussi plusieurs représentants d'importantes maisons de commerce. Ces gens sont renseignés, cela se voit. J'estime même qu'ils le sont trop. A force d'avoir toujours leur question argent devant les yeux, ils en demeurent obsédés à un tel point qu'ils ne peuvent admettre une solution étrangère à ce que la Bourse ou la Finance décidera.

Ces conversations m'en rappellent d'autres que j'entendais tenir à Paris par des personnes cependant bien qualifiées pour juger sainement les choses, entre autres, le directeur d'un des grands quotidiens français qui, vendredi encore, me déclarait froidement la guerre impossible. Où donc ont-ils les yeux? Ils s'imaginent peut-être par-ce que le gouvernement d'un peuple a peu ou point d'or, que ce dernier qui veut se battre n'y réussira point? C'est admettre en même temps que ce peuple a son cœur changé en lingot et qu'il demeure aussi froid que le métal.

Je n'ai pu d'ailleurs m'empêcher de répondre à ce directeur peu avisé et sur un ton assez net qui le surprit, je crois, « qu'il se trompait complètement ». Je lus à son dédain que je lui produisais l'effet de juger la question un peu trop en soldat et pas assez en économiste. Mais j'avais en moi-même un dédain égal pour cet homme qui ne comprenait pas, ou du moins qui ne voulait pas comprendre que, de par le monde, il y avait encore des gens qui avaient de la Foi et de l'Espérance suffisamment plein l'âme pour y sacrifier leur vie sans qu'un intérêt plus ou moins bassement commercial vînt s'y mêler.

D'ailleurs, à mon sens, la question ne se pose plus et la décision des petits royaumes balkaniques de mobiliser posément et froidement sans plus s'occuper des remontrances de l'Europe est l'indice le plus certain de leur intention très ferme de faire la guerre. Ce n'est pas, certes, la très louable proposition de M. Poincaré qui pourrait les empêcher d'entrer en lice contre les Turcs. Quant aux objurgations globales des puissances, l'on sentira trop bien toute l'hésitation qui s'est faite autour de la fameuse « prise en mains » des réformes macédoniennes, pour que l'on espère un seul instant les voir exécuter et mener à bien. C'est donc assurément la guerre!...

La nuit tombe au milieu des discussions que chacun alimente de son mot personnel et bientôt voici les mille lumières de Vienne qui scintillent au loin, tandis que la pluie tombe à l'entour donnant à toute chose un vilain aspect mouillé qui attriste le lumineux éclat de la grande gare où, pour une longue demi-heure, l'Orient-Express s'arrête. Grâce au télégraphe, j'ai pu prévenir une grande librairie cartographique viennoise et lui commander de m'apporter jusqu'à mon compartiment au moment de mon passage différentes cartes des Balkans. Inutile de dire qu'à Paris, il ne m'avait pas été possible de trouver au bout de deux jours d'infructueuses recherches ce qu'en moins de dix minutes ici l'on m'apporte. Nous achetons quelques cartes d'ensemble et aussi les principales feuilles d'une bonne carte au 1/200.000° représentant les régions d'Andrinople, Bourgas, Rodosto et Constantinople. De cette façon, nous voici définitivement munis et équipés et nous pouvons partir d'un pied léger à la conquête de la Turquie tout entière.

Après Vienne, les voyageurs se font rares. Le

train dépassera-t-il Buda-Pesth? L'on vient nous
annoncer en passant à Marchegg qu'il n'ira pas
plus loin que la capitale hongroise. Depuis une
semaine c'est ainsi. Peut-être cependant le laissera-
t-on aller aujourd'hui jusqu'à Belgrade. Ce « peut-
être » nous paraît un arc-en-ciel dans notre horizon qui allait s'assombrissant et, lorsque, en effet,
nous parvenons à Buda-Pest, nous sommes préve-
nus de ne pas avoir à bouger, le train poussant
jusqu'en Serbie.

Une dernière fois j'erre sur le quai. Il est onze
heures, il fait froid, mais la pluie a cessé. Une très
jolie jeune femme blonde, avec de ravissants yeux
sombres, accompagne un jeune homme qui prend
aussi l'Orient-Express, ami, fiancé, amant peut-
être!... Je la regarde... elle sourit... probablement
parce qu'elle reconnaît un Français. L'on sourit
toujours à qui vient de France!... Elle n'est point
vêtue à la dernière mode de nos Parisiennes d'Au-
teuil ou de l'Avenue du Bois, mais, pour ne pas en
être trop à la robe étroite et drapée et aux cein-
tures à paniers, je la trouve cependant élégante et
fine dans sa démarche souple et mesurée. Ce gra-
cieux tableau s'efface tandis que le train s'éloigne... Longtemps encore je verrai le délicieu

Le général Radko-Dimitrief, commandant la IIIᵉ armée,
sur la route de Saraij à Strandja.

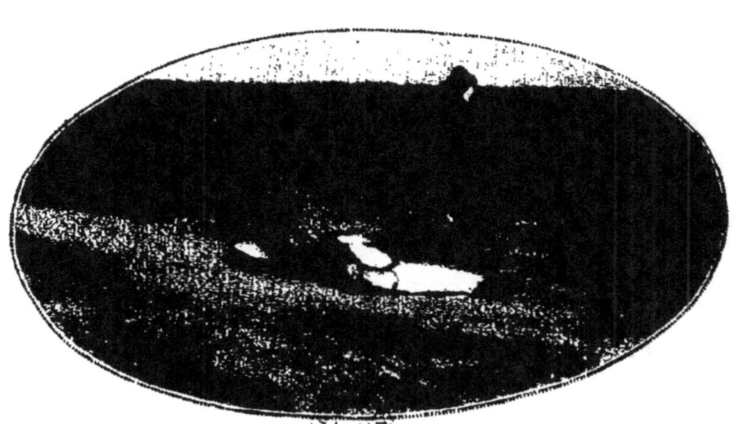

Deux cadavres turcs dans la forêt de Saraij.

Le général Radko-Dimitrief,
commandant la IIIᵉ armée, sur la route de Saraij à Strandja,
causant avec Henri Bernard, de l'*Eclair*.

Equipage de ponts sortant de Strandja.

sourire de la jolie Hongroise que j'ai recueilli ce soir-là....

L'on nous réveille avant Semlin. En hâte nous bouclons nos valises et, tandis que le jour monte, nous apercevons la large nappe d'eau qui sépare la Serbie de l'Autriche-Hongrie, au confluent de la Save et du Danube. Un immense pont de fer permet à la voie ferrée de la franchir, nous donnant l'impression de courir au milieu d'un lac, au bout duquel, sur la rive occidentale, étagée en gradins successifs, la ville de Belgrade se dresse au-dessus des eaux.

Belgrade, ou Beograd, nous apparaît sous la forme d'une gare, d'une petite gare de province. Tout y offre un aspect de désordre assez marqué. De longues files de wagons à marchandises, vides mais encore munis de leurs bancs des transports de mobilisation ou bien couverts de débris de paille de litière et de détritus de toute sorte, encombrent les voies de garage. Sur le quai, absolument personne. Cependant, en arrivant à la salle de la revision de la douane, une patrouille à l'aspect bizarre, composée de quelques paysans armés de fusils, sort d'un local adjacent et se dirige vers la voie. Ce sont des gens d'un certain âge et qui doivent sans doute appartenir au dernier ban de la milice serbe, quelque chose comme notre territoriale, ou même la réserve de la territoriale. Je remarque cependant en consultant mon **carnet de** renseignements que les sujets du roi Pierre sont astreints à un temps de service plus long qu'en France et qu'ils sont à la disposition du gouvernement jusqu'à 5o ans. Ceux-ci paraissent bien les avoir. A peine sortis, nous nous trouvons au milieu d'une foule bigarrée qui encombre les abords de la gare et qui se presse aux guichets de distribution des billets et jusque dans les salles d'attente. Cette affluence est due au rétablissement d'un service commercial à faible trafic qui commence aujourd'hui même. Un train part immédiatement pour Sofia et sans hésitation, malgré le regret véritable que j'ai de ne pas prendre un contact plus prolongé avec la Serbie, je me décide, ainsi que mes compagnons, à profiter de l'heureuse fortune qui me permet d'accourir au point principal de la crise, c'est-à-dire à Sofia.

La route est fort longue d'une capitale à l'autre, puisque nous ne devons arriver, nous dit-on, que demain matin en Bulgarie. Mais tout ce que l'on voit de la portière de notre wagon excite au plus haut point notre attention et nous fait paraître les heures plus courtes. Outre le charme d'un paysage brumeux qui présente quelque analogie avec celui des environs de Langres et de Vesoul, les circonstances apportent d'elles-mêmes un intérêt puissant à tout ce que nous voyons.

Ce qui attire d'abord nos regards, c'est la façon parfaite dont se trouve assurée la garde de la voie ferrée. Ce sont les mêmes paysans que ceux entrevus tout à l'heure en gare de Belgrade, qui fournissent ce service extrêmement important des « *garde-voies de communication* ». Tous sont vêtus pareillement d'un pittoresque costume de laine brune, pareil à une veste de zouave, et coiffés d'un bonnet de fourrure. Ils sont chaussés de la très curieuse sandale nationale, sorte de raquette en osier recouverte de peau et qui seule permet de circuler au milieu des invraisemblables fondrières des routes serbes. Leurs yeux extrêmement vifs, leur attitude remplie de gravité, leur âge même, contribuent à rendre manifeste la scrupuleuse attention, la ponctualité et l'exacte observation de la consigne qui paraissent régner chez eux. L'ensemble des postes établis le long de la voie ferrée est très bien réparti. Les ouvrages d'art, les tunnels, les ponts, même les plus minimes, les gares, la moindre station tout est l'objet d'une surveillance aussi exacte que minutieuse. Tout ceci est visiblement réglé d'une manière telle que l'on pressent déjà, derrière ce que nous voyons, une organisation d'ensemble méthodique et judicieuse, insoupçonnée hier, mais qui aujourd'hui va faire une apparition éclatante.

J'admire dans ce que je vois jusqu'aux moindres détails : chaque poste est soit cantonné le long de la voie, si la situation propice d'une maison s'y prête, soit confortablement abrité dans une hutte habilement dressée et recouverte en chaume de maïs. Des quartiers de viande, dès les premières heures de la journée, sont distribués aux hommes et partout la fumée des cuisines établies en plein air indique que chez les miliciens serbes la soupe est en bonne voie de préparation. L'intendance a eu le souci scrupuleux d'assurer en temps convenable les distributions de vivres et le ravitaillement de la troupe.

Au fur et à mesure des rencontres, je note ce qui me paraît intéressant : A M'ladenowatz un camp baraqué s'élève à gauche de la gare. De nombreux détachements de miliciens circulent aux environs. Je m'informe et j'apprends qu'il y a ici un important dépôt de vivres et de munitions. Un train arrive en gare venant de la direction de Nich : il est vide, sauf quelques wagons où l'on voit des soldats d'administration. Ce train vient d'exécuter un ravitaillement et, une fois déchargé, l'autorité militaire le fait refluer sur son point de départ afin de ne pas encombrer la gare d'arrivée. Ces détails me sont donnés par un aimable officier serbe qui voyage avec nous. Il est chargé, de gare en gare, de surveiller l'exécution du service de garde de la voie ferrée.

Dans la journée, entre Lapowa et Nich que nous n'atteignons qu'à 8 heures du soir, nous rencontrons cinq autres trains qui reviennent à vide vers le nord. Décidément ce n'est pas la pénurie des approvisionnements qui gênera pour le moment l'armée serbe, d'autant mieux que ces convois sur rail sont doublés par des convois routiers. Dans la vallée de la Morawa apparaissent soudain, se dirigeant vers le sud, une file interminable de chariots traînés par des bœufs. Ils couvrent la route sur plusieurs kilomètres d'étendue. De taille assez exiguë, les véhicules qui composent ces convois ont tous un aspect relativement uniforme, ce qui donne à l'ensemble, de concert avec la lenteur de la marche, une allure régulière et calme, exempte d'incidents et d'à-coups d'aucune sorte.

Ces chariots doivent avoir l'inconvénient de progresser très lentement. Il est déjà tard et ceux que nous voyons n'ont pas encore atteint leurs cantonnements : « Cependant, me dit un Serbe « avec qui j'échange en français des réflexions, il « est impossible d'atteler autrement. » Le bœuf en Serbie, le buffle en Bulgarie sont à tout prendre les seuls animaux de trait, les chevaux étant trop peu nombreux, ou de trop petite taille. De plus il n'y a pas d'autres éléments à réquisitionner que ces chars de forme archaïque, la voiture ordinaire n'existant nulle part, si ce n'est quelques-unes dans les villes.

Nich apparaît enfin. Les lumières de la gare scintillent, le train s'arrête, il est 8 heures; nous avons au moins une bonne demi-heure pour dîner. La gare est très brillamment éclairée et il y règne une activité militaire intense. Des trains repassent à vide, remontant vers le nord. Ailleurs l'on embarque toutes sortes de choses, approvisionnements, vivres, matériel d'infirmerie. L'autorité militaire règne en maîtresse ici et tout lui passe entre les mains. Un bureau porte une pancarte où après bien des efforts je parviens à déchiffrer écrit en caractères cyrilliques le mot « commandant ». Une sentinelle est devant la porte, plantons et estafettes entrent et sortent, de temps en temps un officier paraît. Tout ceci se passe avec ponctualité, très correctement, très régulièrement.

Après un repas composé de saucisses et de haricots problématiques, que nous avalons dans ce qui nous paraît être le buffet (!) de Nich (repas que je qualifierai de succulent, car nous n'avions pas réussi à trouver la moindre nourriture pendant la journée), nous repartîmes lentement dans la nuit... très lentement... vers Tsari-Brod et Sofia.

Sofia, jeudi, 17 octobre.

Un très long arrêt à la frontière serbo-bulgare à Tsari-Brod et il est déjà grand jour lorsque nous descendons les pentes de Dragomau sur Slimnitza et Sofia. De ce côté-ci de la frontière, les mêmes précautions sont prises le long de la voie ferrée. D'incessantes patrouilles circulent auprès des rails. Comme en Serbie, elles sont formées de paysans miliciens armés d'un fusil Berdan surmonté d'une baïonnette à douille. La moustache rude et noire, le visage au teint foncé, les yeux extrêmement brillants de ces gens m'étonnent par la similitude qu'ils offrent avec les caractères du Maure ou de l'Arabe de l'Afrique du Nord. N'étaient leur bonnet de fourrures et leurs vêtements plus étroits, l'on se croirait, au milieu d'un horizon pareil, transporté sur les Hauts-Plateaux algériens tout près d'Aïn-Sefra. L'un de nous rappelle d'ailleurs fort justement que les Bulgares sont en majeure partie d'origine finnoise, greffée il est vrai de sang slave et en tout cas parfaitement hostile à l'Osmanli, son ancien et encore actuel oppresseur.

C'est cette impression de haine contre le Turc qui se dégage tout d'abord du premier contact pris dès notre arrivée avec la population de la capitale bulgare. Sofia, dans son alignement correct de rues bien tracées, ses confortables maisons au toit de tuiles rouges, le cirque montagneux imposant qui forme au loin son horizon, tout cela disparaît, et ne soulève plus la moindre attention dès que les premiers indices de la situation extérieure viennent à nous frapper.

Point de ces manifestations bruyantes, apanage fâcheux des peuples latins, tout au contraire, un calme et une attitude mesurée qui n'en est que plus impressionnante. Ce sont ici des gens qui se pressent autour d'une proclamation affichée sur les murs. Ils lisent en silence, sans un mot, sans un geste. Plus loin des soldats, des territoriaux ou des réservistes, passent en bon ordre, à un pas lourd mais bien cadencé, le fusil sur l'épaule gauche. Ils ont des fleurs sur la tête et à la ceinture, mais point d'uniformes. Presque tous ont de solides vêtements de fourrure ou de laine, quelques-uns cependant portent l'habit du citadin, complet de drap et chapeau mou, qui tranche vivement au milieu des vestes sombres des paysans bulgares.

Après une installation sommaire dans un hôtel à demi rempli de journalistes, nous nous mettons en quête de nos confrères de la presse française. Tous ignorent notre véritable qualité, et comme nous ne tenons point à faire connaître trop tôt la présence un peu insolite d'officiers français à Sofia en un pareil moment, nous continuons de la cacher. Mais personne ne nous prend pour de véritables reporters, tant il est difficile de remplir exactement le rôle que l'on s'est imposé. Aussi bien d'ailleurs ne cherchons-nous pas à les abuser nous bornant simplement à indiquer que l'occasion de la guerre nous a paru excellente pour nous exercer au métier de reporter et que l'intérêt de la campagne nous a poussés à quitter nos occupations habituelles pour venir assister à la lutte des chrétiens contre l'Islam.

Il y a là quelques grands noms de la presse : Ludovic Naudeau, dont les aventures en Mandchourie firent tant de bruit; le marquis de Ségonzac, le gentilhomme reporter; René Puaux, qui représente le *Temps* et qui fut pour nous dans la suite le plus charmant des amis. Tous, lorsqu'ils surent notre identité, furent les plus aimables des commensaux et je leur dois ici un remerciement cordial en souvenir de leur accueil et de la sympathie qu'ils témoignèrent alors à leurs occasionnels confrères. A la table où nous déjeunons ensemble, l'on discute non plus même sur la probabilité de la guerre qui sera déclarée bientôt, mais déjà sur les futures opérations.

Au ministère de la Guerre où je me rends pour accomplir les formalités qui m'accréditent comme correspondant de guerre de l'*Illustration*, j'ai pu interviewer quelques officiers. D'ailleurs, je dois l'avouer, ce fut avec assez peu de succès. Ici l'on joue à la japonaise. Ces gens-là sont absolument renfermés et tel qu'il me fut donné de rencontrer à Paris, gai et confiant ami, se retrouve à Sofia d'un mutisme auquel rien n'échappe. D'ailleurs, ils sont tous d'une correction exquise et se bornent à invoquer un secret professionnel trop évident pour qu'il soit loisible décemment d'insister. Néanmoins, j'ai pu, après quelques efforts, me faire une idée, au moins générale, des événements. La guerre, ainsi que je l'écrivais plus haut, n'est pas encore déclarée, mais l'agence télégraphique de Bulgarie nous apprend d'autre part qu'une note a été remise par les gouvernements alliés où il est dit « ...que devant les exigences de « la Turquie, les trois Etats balkaniques ont le « regret (*sic*) de recourir aux armes ».

Dans quel état cette guerre trouve-t-elle les Bulgares? C'est le point intéressant de mon enquête d'aujourd'hui. Quelqu'un s'est écrié : « Cette « guerre, c'est la croisade! » Ce mot me semble éminemment juste et parfaitement approprié à la situation. Sans doute des calculs cachés, des ambitions mal dissimulées se révèlent-ils sous les dehors mystiques d'une guerre de la chrétienté contre l'Islam. Néanmoins le vieux fond de haine, le vieux levain qui fermente dans les cœurs des deux adversaires est bien de même nature que celui que suscita, dans tous les temps, l'éternelle lutte à travers les âges de la croix contre le croissant. C'est la croisade voulue et préparée avec une exaltation dont rien n'approche. La population de Sofia nous offre l'image fidèle des sentiments qui agitent toute la nation : l'on y voit des hommes à la foi robuste dans le bien fondé de leur cause, un peuple entier marchant à la guerre sacrée contre l'infidèle oppresseur et, avec ce peuple, un gouvernement qu'entraîne le vœu national et qui, loin d'y résister, cède et prend lui-même la tête du mouvement.

Ce moral exalté va même quelquefois jusqu'à une certaine exagération, car il tendrait à porter les Bulgares à trop de présomption et notamment à négliger un peu cavalièrement l'armée turque que tous les critiques militaires s'accordent cependant à tenir en si grande estime. L'outil dont il va falloir se servir, c'est-à-dire l'armée bulgare, a-t-il été porté à un point aussi élevé? Je ne puis assurément donner une réponse affirmative dès le premier jour, puisque, somme toute, j'ai assez peu vu de choses. Mais par les détails déjà entr'aperçus du service de l'arrière, par l'aspect de tout ce qui se trahit autour des Bulgares malgré leur soin de tout céler, par ce que je suis arrivé à connaître actuellement de la formation militaire de ce peuple, j'incline à exprimer une opinion nettement favorable.

Divisée en 9 grandes unités que l'on appelle divisions et qui pratiquement ont l'effectif d'un petit corps d'armée, l'armée bulgare a une formation extrêmement sérieuse. Un appoint excellent lui est fourni par ses réserves où chaque classe convoquée annuellement est constamment tenue en haleine et permet de compter sur les éléments de seconde ligne au même titre que sur l'armée active.

Leurs officiers d'état-major ont pour la plupart suivi les cours de l'Académie de guerre de Saint-Pétersbourg ou ceux de l'Ecole supérieure de guerre à Paris. Leurs méthodes sont les nôtres et pour nous Français, un succès bulgare serait dans le domaine militaire une chose encourageante et bonne. Ce serait un peu comme une comparaison avant la lettre entre Allemands et Français, entre les élèves de la Kriegsacadémie et les nôtres.

Hommes au moral surchauffé, méthode offensive vigoureusement préparée et sans doute énergiquement appliquée, telle est la conviction que j'emporte de ce premier contact avec la population de Sofia d'une part, avec l'état-major bulgare d'autre part.

Sofia, vendredi, 18 octobre.

Ce matin, je suis réveillé par le bruit du tambour qui bat à travers les rues. Une musique passe en jouant un hymne aux intonations lentes, presque un psaume religieux. La guerre est déclarée, m'apprend-on aussitôt. A dix heures, un service solennel est célébré à la cathédrale pour appeler les bénédictions de Dieu sur l'armée et sur la nation. Une foule énorme se presse autour du sanctuaire où je pénètre à grand peine. La piété et la naïve ferveur de ce peuple a quelque chose de touchant. Des groupes compacts entourent les icônes et s'y bousculent pour déposer un baiser aux pieds de l'image vénérée, ou pour planter, sur un des chandeliers qui l'avoisinent, un cierge de cire jaune. Sur la place, des milliers de personnes stationnent et lisent la proclamation du roi à ses sujets. Cette proclamation est affichée partout. La foule est d'un aspect fort particulier. En majorité, ce sont des campagnards venus en très grand nombre dans la capitale. Leurs costumes curieusement drapés, leurs vestes en peau de mouton, les cheveux tressés, tombant long de leurs femmes, jettent au milieu des complets vestons et des chapeaux melons des citadins une note bizarre. Peu d'hommes jeunes parmi eux, tout ce que la Bulgarie a de sain et de vigoureux encore est parti aux armées. De temps à autre passe un groupe de miliciens en armes, mais toujours sans uniforme. D'autres groupes marchent derrière un drapeau bulgare et chantent un hymne sur un ton grave. A chaque reprise des versets ils s'interrompent et poussent plusieurs fois un « hourrah! » curieusement cadencé. Des drapeaux se montrent à toutes les fenêtres et la ville est pavoisée autant et plus qu'à un jour de fête. Je vois même un grand drapeau français porté par quelques jeunes gens, sans que je puisse arriver à connaître le mobile qui l'avait fait déployer ici.

Au ministère de la Guerre, par une fenêtre du rez-de-chaussée, l'on distribue à qui veut la prendre la proclamation du roi. Ce dernier, d'ailleurs, est parti, il y a déjà deux jours, pour Stara-Zagora, où se trouve le grand quartier général des armées en opérations.

Bien que S. M. le tsar Ferdinand exerce en principe le commandement supérieur des troupes, le véritable généralissime est le général Savof, du cadre de réserve, que sa popularité et la confiance qu'il inspire généralement à tous ont fait désigner pour le poste suprême. Le major général des armées en campagne est le général Fitchef et les principaux commandants d'armée sont les généraux Koutintchef, Ivanof et Radko-Dimitrief. Je n'ai pas encore de renseignements sur la situation générale, mais mon enquête que je poursuis activement malgré le mutisme auquel je me heurte le plus souvent, ne peut manquer de me donner d'ici peu les meilleurs résultats.

En attendant notre départ que l'on annonce comme probable dans quelques jours, je continue à m'intéresser au curieux spectacle qu'offre la ville. Devant le Sobranié, au pied de la statue d'Alexandre II, « le tsar libérateur », de nombreux réservistes et territoriaux qui peut-être n'ont jamais vu Sofia viennent admirer la symbolique image élevée par la Bulgarie délivrée et reconnaissante à la Russie, sa sœur aînée des pays slaves. Je me dirige ensuite vers la gare où je compe assister à des embarquements de maté-

Infanterie de la 5ᵉ division marchant sur Belgrad (Thrace).

Equipage de ponts sortant de Strandja.

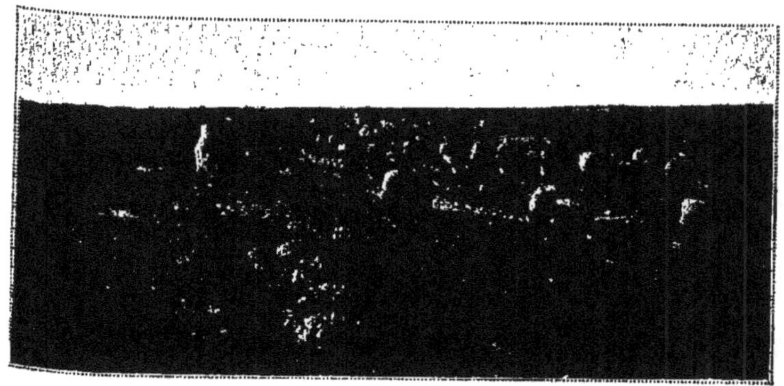

Infanterie et Artillerie de la 5ᵉ division marchant
sur Belgrad (Thrace).

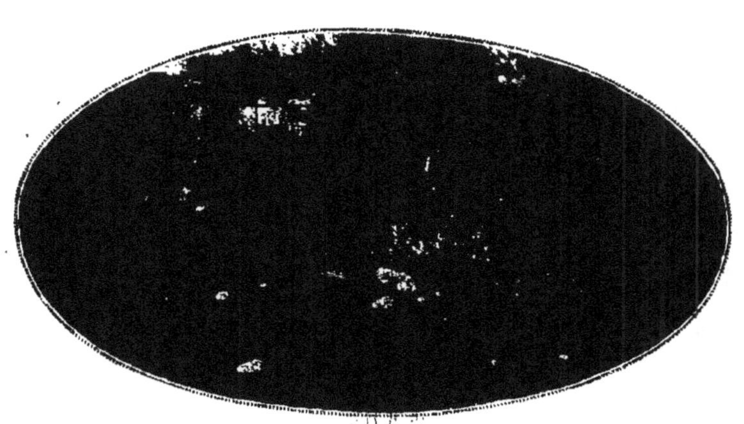

Deux cavaliers bulgares devant le mur d'Anastase.

riel qui, m'a-t-on dit, doivent s'y faire d'une façon continuelle. Chemin faisant, rencontrant un des nombreux convois de munitions qui circulent incessamment entre l'arsenal et la voie ferrée, je me mets en devoir d'en photographier les pittoresques chariots traînés par des buffles. Mais j'avais compté sans leur vigilante et méfiante escorte. A peine avais-je commencé, tout heureux d'avoir pu « pincer » un cavalier qui faisait ranger les charretiers, que celui-ci m'invita incontinent à le suivre, dans un langage que je ne pus comprendre, mais qui me parut empreint de quelque rudesse. Bernard, qui m'accompagnait, dut partager mon infortune; penauds et quelque peu confus, nous suivîmes notre gardien qui nous amena au poste le plus voisin. L'affaire, bien entendu, se termina là où, avec la plus grande amabilité, l'autorité militaire s'excusa auprès de nous de l'impair qui avait été commis.

Ce petit incident sans importance et d'ailleurs journalier ici, où d'autres reporters ont été ainsi appréhendés, montre assez bien néanmoins l'état d'esprit à la fois scrupuleux et convaincu de l'homme de troupe bulgare. Notons encore ceci, c'est que notre homme est un territorial ou mieux un cavalier milicien du deuxième ban, qui depuis longtemps aurait pu perdre jusqu'à la notion même d'une consigne, tandis qu'il n'en est rien.

Ce soir des rumeurs commencent à circuler en ville : un premier combat aurait eu lieu entre les avant-gardes des troupes slaves et les éléments avancés de couverture des Turcs. La table des reporters est fiévreuse et tous d'un commun accord nous gémissons d'être rattachés ainsi à la capitale. On nous promet cependant, pour la deuxième fois, de nous faire partir bientôt, mais je n'ai guère confiance en des promesses de cette sorte. Cependant « espoir! » me dit-on au bureau de la censure, ce sera pour demain peut-être, après-demain certainement, car les attachés militaires ont déjà reçu avis de leur départ à cette date.

CHAPITRE II

STARA-ZAGORA

Le départ des correspondants de guerre. — Le plan d'opérations bulgare. — Les premiers combats. — Le quartier-général. — De Stara-Zagora à Mustapha-Pacha.

Stara-Zagora, lundi, 21 octobre.

Toute la journée d'hier fut employée, dès le reçu de la bienheureuse nouvelle de notre départ, à parfaire nos préparatifs par les achats les plus divers. Ma vieille expérience d'Afrique me suggéra nombre de précautions indispensables. La question des vivres en particulier fut l'objet de mes soins les plus assidus. Les épiceries et les magasins de comestibles sont littéralement mis au pillage. Du haut en bas de l'hôtel, l'on entend des coups de marteau, l'on aperçoit des gens en manches de chemise s'escrimant autour de ballots et de cantines, bouclant l'une, fermant l'autre à grands renforts de cordes et de courroies; c'est un remue-ménage indescriptible. Nous fixons à notre bras gauche un brassard rouge portant un numéro d'ordre, véritable matricule sous lequel nous sommes incorporés dans la horde fantasmagorique des correspondants de guerre de tous les pays possibles.

Nous sommes déjà plus de 80 journalistes et l'on en annonce encore d'autres à venir. Ce nombre nous désole car nous comprenons très bien que l'autorité bulgare, effrayée par une pareille invasion, va s'empresser de nous parquer quelque part d'où il nous sera impossible de bouger et d'apprendre quelque chose. Espérons cependant que quelques exceptions seront faites et que nous serons compris dans ces dernières.

Le train spécial qui doit emporter à la fois les attachés militaires et les correspondants de guerre est annoncé pour 10 heures. Mais bien longtemps avant le moment fixé, il est envahi, archi-plein, bondé. Nous réussissons péniblement à nous caser et laissant à la garde de nos bagages notre domestique, Vigier, nous nous précipitons dans le wagon-restaurant où, à la force du poignet, chacun se fait place à table. Elle est jolie, cette curée des représentants de la presse internationale ! Moi d'abord, toi après ! On sait pratiquer le chacun pour soi en pareil cas.

Notre maison militaire se compose, pour Bernard et moi, de l'unique personne du dénommé Vigier Jules-François. Ce dernier, né de père français et de mère serbe, habite Sofia, où il exerce la profession de cocher. Doué de tous les défauts des Français et de tous ceux des Bulgares ensemble, car il boit comme un trou et ment comme un arracheur de dents, il nous fut, malgré le peu de sympathie qu'il inspirait, un auxiliaire précieux, nous servant d'interprète partout où nous allions. Au surplus, lorsque au milieu du « bled » parfois son courage venait à faiblir et qu'il menaçait de tout laisser en plan, je n'ai aucune pudeur à avouer qu'une solide raclée, administrée à propos, savait parfaitement le diriger à nouveau dans la bonne voie et lui faire modifier la teneur des considérants fâcheux que précédemment il exprimait avec une conviction peu douteuse. Pauvre Vigier! maintenant qu'il a repris allégrement son métier de cocher à Sofia, peut-être me pardonnera-t-il l'absence de douceur dont j'usais quelquefois vis-à-vis de lui.

J'eus, pendant le trajet de Sofia à Stara-Zagora, l'occasion de nouer conversation avec quelques-uns de nos confrères étrangers, notamment des Italiens. Il est singulier tout ce que l'on entend en causant de ci de là avec l'un ou avec l'autre. La diversité des races représentées dans ce train, minuscule image de l'Europe entière, exigeait que chacun dût s'entretenir à peu près exclusivement en français pour être compris de tous. Il me serait difficile pour bien des raisons, dont la première est la discrétion, et il serait aussi parfaitement oiseux de rapporter ici tout ce que nous entendions. Toujours est-il, qu'après avoir ouvert les yeux très grands en entendant les choses véritablement stupéfiantes qu'avec le plus grand sang-froid ces Messieurs prononçaient sur un ton péremptoire, je me suis mis à rêver, puis à rire de la façon réellement curieuse dont l'Allemagne, l'Italie et l'Autriche allaient se trouver informées de ce qui se passait, voire même de ce qui ne se passait pas. Il était par contre assez consolant de voir l'attitude sage et mesurée des journalistes français qui, loin de verser dans des exagérations pareilles, donnaient un véritable exemple du souci exact et scrupuleux de la recherche de la vérité par le travail le plus méthodique et le plus assidu.

Après une longue et pénible journée, nous traversâmes la gare de Philippopoli où la population nous salua de hourras frénétiques, puis enfin nous arrivâmes à Stara-Zagora où, vu l'heure avancée, nul ne bougea du train transformé en dortoir pour l'occasion.

Stara-Zagora, mardi, 22 octobre.

Après quelques efforts, nous avons fini par nous nicher, Bernard et moi, dans une auberge assez improbable et à nous y installer tant bien que mal après avoir consciencieusement saupoudré le sol de poudre de pyrèthre ainsi que les couchettes aux matelas durs comme des noyaux de pêches. Après la quête des premières nouvelles faite au nouveau bureau de la censure, la comparaison et les recoupements de nos renseignements, nous arrivons à fixer à peu près d'un commun accord la situation générale telle qu'elle paraît se présenter.

Le théâtre d'opérations contre les Turcs se subdivise, pour l'ensemble des nations balkaniques alliées, en deux zones très différentes et complètement séparées par le massif montagneux du Despoto-Dagh ou des Rhodopes. Ces deux régions elles-mêmes ont peu de points de ressemblance; l'une est montagneuse et difficile, c'est la Macédoine, l'autre offre un parcours plus aisé, c'est la Thrace.

La Macédoine, pour diverses raisons, dont la principale est son éloignement de Constantinople, nœud géographique et politique de la crise actuelle, ne peut être et ne sera jamais qu'un théâtre d'opérations secondaires. La partie principale se jouera en Thrace et, du fait même de leur situation, les Bulgares y tiennent non seulement le principal, mais même l'unique rôle. Ils paraissent y avoir formé trois armées d'importance diverse et dont les missions éventuelles, sans aucun doute, doivent aussi grandement différer. Ces armées seraient numérotées dans l'ordre suivant: de l'est à l'ouest, la IIIe sous les ordres du général Radko-Dimitrief, qui a dû se concentrer dans l'est de Yambol, vers Straldja, sur le chemin de fer de Bourgas à Yambol. Cette armée doit comprendre les 4e, 5e et 6e divisions plus une division de cavalerie commandée par le général Nazlimof.

La 1re armée vient ensuite sous les ordres du général Koutintchef et s'est rassemblée entre Yambol et Kizil-Agatch sur la Toundja. Je suis encore assez peu fixé sur sa composition. Elle comprend assurément la 1ʳᵉ division et une 10ᵉ division à deux brigades formée uniquement par des réservistes. Il me semble que la 3ᵉ division, la division de Sliven, doit également en faire partie. Sur ce point cependant le doute est permis et il y a lieu de penser que cette 3ᵉ division appartient peut-être à la IIᵉ armée.

Celle-ci, commandée par le général Ivanof, est établie autour de Tirnovo-Seïmen. Elle comprend les 8ᵉ et 9ᵉ divisions et éventuellement la 3ᵉ.

Enfin vers Haskovo la 2ᵉ division, vers Kustendjil la 7ᵉ, renforcées l'une et l'autre de bandes macédoniennes plus ou moins organisées et encadrées, se trouvent face aux Rhodopes flanquant la droite du dispositif général et reliant la masse principale bulgare à la masse principale serbe vers Vranja.

L'ensemble des forces que je viens d'énumérer doit atteindre et même dépasser 300.000 hommes parfaitement armés et équipés, organisés suivant les données les plus logiques, outil susceptible d'un formidable rendement s'il est bien employé.

Que sait-on des Turcs? Peu de choses que l'on n'ait pu établir depuis longtemps à l'avance : une armée s'est réunie entre Andrinople et Kirk-

Kilissé en tenant ces deux points extrêmes. Elle comprend les quatre corps de la première inspection d'armée, du premier ordou, quelques éléments déjà arrivés d'Asie Mineure et des divisions de rédifs (réserve). On cite le chiffre de 160.000 hommes qui paraît en somme vraisemblable.

Cette armée, avec le temps, sera probablement renforcée par le gros des corps mobilisés en Syrie et en Anatolie. Cependant tout cela doit se faire bien longuement, car il est indéniable que, sous le prétexte que la paix vient d'être signée à Ouchy avec les Italiens, il ne faut pas conclure du tout que la mer Egée est ouverte aux transports des troupes turques. La flotte grecque est certes minime en comparaison des unités italiennes, mais, avec son nouveau croiseur-cuirassé l'*Averof* et ses trois anciens cuirassés du type *Hydra*, elle est encore très supérieure aux « cercueils cuirassés » ottomans, anciens produits de l'industrie navale allemande qui méritent ce mot sévère que la presse germanique avait cependant elle-même inventé en d'autres temps pour d'autres marines.

Notons enfin la place défectueuse que von der Goltz a donnée aux corps turcs en les distribuant mi-partie en Macédoine, mi-partie en Thrace.

Faibles partout, forts nulle part, ils sont obligés de compenser par un transport d'une partie de leurs éléments de l'un des deux théâtres dans l'autre l'infériorité où les met une offensive simultanée des Serbes et des Bulgares. Or, le font-ils?... Peuvent-ils même le faire?... Il est à croire que, surpris par la très rapide mobilisation de leurs adversaires, ils n'y ont point songé, restant étroitement cantonnés dans leurs secteurs du temps de paix, heureux encore s'ils y sont prêts à recevoir le choc qui désormais ne doit plus tarder.

Je ne voudrais pas cependant paraître prophète avant le temps, chose dangereuse à laquelle les événements peuvent toujours donner un démenti cruel. Je ne voudrais pas non plus paraître médire de l'armée turque, dont la bravoure et les exploits de 1877 ne peuvent être oubliés. J'ignore du reste en grande partie la valeur du degré de préparation acquis par les armées ottomanes ; mon jugement actuel n'aurait donc que la valeur de celui d'un juge en une affaire où l'une des parties est absente, c'est dire qu'il est sujet à caution. Cependant, je crois pouvoir avancer que la forte organisation de leurs adversaires, l'enthousiasme à la fois guerrier et religieux qui les anime, leur nombre enfin très supérieur, rendent à la Turquie le triomphe final fort incertain.

Les premiers comptes rendus officiels des combats des dernières journées viennent jusqu'à présent confirmer cette opinion. Les Bulgares ont enlevé Mustapha-Pacha, qui est un centre considérable, et une gare à capacité suffisamment étendue à la frontière même. Beaucoup plus à l'ouest, la forteresse de Djomnaïa est également tombée entre leurs mains; c'est un point important qui conduit aux sources du Kara-Sou. Sur le centre, peu de nouvelles encore, quelques engagements seulement entre Andrinople et Kirk-Kilissé.

Ce soir, l'on annonce qu'il y a eu un échange de coups de canon entre des bâtiments turcs croisant dans la mer Noire et les forts de Varna. Les Grecs auraient mis le siège devant Preveza sur la mer Ionienne et, d'un autre côté, ils auraient envahi la Thessalie vers Larissa.

Dans ces conditions, quel peut être le plan d'opérations des Bulgares? Il peut paraître oiseux de vouloir dès maintenant préjuger des intentions du général Savof, ou de ce que l'avenir démentira peut-être. Cependant, sans s'arrêter à une hypothèse plutôt qu'à une autre, nous pouvons examiner celle qui paraît offrir les plus grandes chances de probabilité.

L'examen de la situation, la première inspection d'une carte montrent que les Turcs disposent d'une zone fortifiée, munie de deux places fortes à ses extrémités : Andrinople et Kirk-Kilissé. Attaquer et tenter d'enfoncer ce front, c'est s'exposer peut-être à une guerre d'usure fort longue, à une série partielle d'opérations de guerre de siège. Cependant je crois savoir que les Bulgares, parfaitement renseignés sur tout ce qui se passe en Turquie, estiment de façon différente la résistance dont respectivement peuvent être susceptibles l'une ou l'autre des deux places turques. Andrinople est très sérieusement défendue, m'a-t-on dit aujourd'hui à l'état-major bulgare, mais Lozengrad (1) est loin d'atteindre la même valeur et l'on n'est pas sans quelque espoir d'obtenir de ce côté et en plein centre ennemi des résultats importants.

Quoi qu'il en soit, une attaque sérieuse aura lieu sur la gauche et sur le centre. Elle peut réussir comme elle peut aussi échouer. En tout cas, elle retiendra assurément un effectif important de

(1) Nom bulgare de Kirk-Kilissé.

l'ennemi et, de ce fait, les armées bulgares pourront s'employer à déborder les gros des Turcs soit vers l'est, soit vers l'ouest. Un des inconvénients d'un débarquement par Kirk-Kilissé et plus à l'est réside en ce fait que la zone qui s'étend entre ce point et la mer Noire manque de routes. Il y aurait de plus danger, en cas d'échec dû à une offensive turque partant des deux places fortes, à voir le gros des forces bulgares acculé à la mer et aux Balkans, dans la région de Bourgas et de Yambol.

J'admets donc volontiers que l'hypothèse qui consiste à assiéger Andrinople et à déborder cette ville au sud-ouest après avoir franchi l'Arda demeure la plus tentante. Je suis amené à penser très fortement que c'est à ce dernier plan que les Bulgares se sont arrêtés. Mais tout de suite une grosse difficulté se présente : elle est due au terrain. Les pentes sud et est des Rhodopes, la vallée supérieure de l'Arda sont d'une difficulté extrême pour le libre parcours d'une armée. Malgré cela, je demeure convaincu que les Bulgares songent certainement à une opération de cette nature avec l'aide droite de leur IIe armée, en particulier avec cette 2e division de Philippopoli qui s'est portée à

Haskovo et qui est tout indiquée pour s'engager dans le dédale montagneux que le voisinage de ses garnisons du temps de paix lui aurait permis de connaître dans ses moindres détails. Les bandes irrégulières des Macédoniens y remplaceront la cavalerie et suffiront même à expulser les postes turcs de couverture et à faire place nette, lorsque les avant-gardes des colonnes s'y engageront.

Les événements diront peut-être que tout cet échafaudage est bâti sur une donnée inexacte. Cependant je dois ajouter que les dernières nouvelles reçues confirment pleinement l'ensemble de mes hypothèses. La IIe armée a commencé son offensive sur Andrinople en s'avançant sur les deux rives de la Maritza, son aile droite, c'est-à-dire la deuxième division, a jeté son avant-garde sur l'Arda au point de passage important de Kirdjali. Enfin l'on annonce des combats acharnés sur tout le front, un gros succès même, affirme-t-on déjà, vers Kirk-Kilissé.

La prise de Djoumaïa par la 7e division et son apparition dans les hautes vallées de la Bregalnitza et du Kara-Sou confirment également ce que je viens d'avancer. Il y avait, en effet, lieu de craindre un retour des Turcs de Macédoine vers la

Thrace et la nécessité d'une sérieuse flanc-garde de ce côté paraît indiquée. Il est en effet assez clair que les Turcs ont à remédier à une situation initiale éminemment fâcheuse, à savoir : détruire l'équilibre de leurs forces si malheureusement instauré par von der Goltz et venir eux aussi, toutes forces réunies, à la bataille de la Maritza ou de l'Ergène, en faisant passer leurs corps de Macédoine en Thrace. Ils réduiraient ainsi, sur le théâtre secondaire de la guerre, leurs forces engagées au minimum, conservant leur gros pour le théâtre principal et n'opposant aux Serbes, aux Grecs et aux Monténégrins, que l'indispensable.

Les Etats alliés avaient le moyen de parer à cette éventualité en engageant les Serbes les premiers, comme l'ont fait les Monténégrins, 8 ou 10 jours avant l'entrée en ligne des Bulgares. Une attaque serbe sur Uskub aurait nécessairement maintenu une force ottomane considérable en Macédoine et affaibli d'autant l'armée de Thrace. Il est vrai, m'a-t-on répondu à cette objection, que l'inertie des Turcs permet de penser que nul transbordement de troupes d'une province dans l'autre n'a été commencé et que toutes choses restent en état.

Section de mitrailleuses du 44ᵉ régiment d'infanterie.

Convoi de la 4ᵉ division passant un gué.

FEUILLES DE ROUTE BULGARES

Vue d'ensemble d'Ermenikoj (côté Est)
Quartier général de la IIIe armée,

Abri de feuillage des bivouacs du 34e régiment d'infanterie.

Il n'en demeure pas moins vrai que les Etats balkaniques ont sacrifié cette chance militaire supplémentaire qu'ils pouvaient se réserver au souci de la plus entière correction diplomatique. Ce dernier fait est une caractéristique de leur état d'âme et donne à penser un bien, encore plus grand, à leur sujet, que tout le reste ensemble. Quoi qu'il advienne de la lutte engagée, j'estime qu'ici nous avons des amis sincères, frappés au bon coin de notre culture et s'efforçant d'imiter, en les égalant en grandeur, les sentiments généreux dont si souvent fut empreinte l'histoire de la France. Dans cette fière nation, si jeune cependant, mais si vaillante aussi, que nous voyons courir aux armes pour délivrer ses frères opprimés, l'on se plaît à rappeler les souvenirs des antiques croisades issues de notre race et à souhaiter inconsciemment un succès que jamais effort plus constant n'aurait mieux mérité.

Stara-Zagora, samedi, 26 octobre.

Le grand quartier général vient de prendre en ma faveur une mesure d'exception et m'autorise à rejoindre les armées en campagne. Cette autorisation me parvient sous forme d'une lettre blanche qui m'accrédite auprès des différents états-majors. On me recommande même de n'en point trop parler à l'entour, car l'on craint les jalousies et les susceptibilités faciles à éveiller de mes confrères européens. Rares sont les privilégiés de la lettre blanche. Leur énumération vaut la peine que l'on s'y arrête. La presse française est bien servie : Ségonzac, Puaux, Ludovic Naudeau et Vallier, le représentant du *Matin*, portent à six, avec Bernard et moi, le chiffre des reporters français autorisés à battre librement la campagne; trois ou quatre Anglais et quatre Russes, au nombre desquels il convient de citer deux officiers, le colonel de Dreyer et le capitaine Mamountoff, ainsi que le célèbre romancier Némérovitch Dautschenko complètent l'équipe imposante de la Triple-Entente. Je crois que quelques vagues Autrichiens furent aussi élus, mais, durant toute la campagne, nous ne les vîmes point : ils restèrent à Mustapha-Pacha collés au télégraphe et inondant l'Europe de télégrammes sensationnels auxquels il ne manquait que la sanction indiscutable de la vérité.

Tout joyeux de tenir enfin le bienheureux exeat, je cours rassembler mes bagages et je me dirige aussi rapidement que possible vers la gare. J'avais malheureusement compté sans les difficultés de transport que cause dans tout pays l'état de guerre et je me heurte à l'impossibilité de partir avant demain matin, aucun train n'existant jusqu'à ce moment. Un peu déçu, comme Achille, je rentre sous ma tente et je profite du temps qui m'est ainsi octroyé pour mettre mes notes à jour.

Le séjour que je viens de faire à Stara-Zagora auprès du grand quartier général du roi m'aura été instructif à plus d'un égard. J'y ai constaté tout d'abord *de visu*, là comme partout ailleurs, l'excellente organisation des armées bulgares et toute la valeur de leurs méthodes de préparation à la guerre. Installés dans les vastes bâtiments d'une sorte de collège, les différents bureaux des officiers de l'état-major y fonctionnent avec une régularité admirable. Rien ne frappe l'œil, pas d'apparat inutile puisque l'on est en campagne. Seules deux sentinelles de l'escadron d'escorte stationnent devant l'entrée. Elles écartent systématiquement tous les intrus et, pour mieux demeurer attentives à l'exacte observation de leur consigne, ne doivent rendre aucun honneur si ce n'est au roi lui-même. Peu ou point de mouvement tout à l'entour; quelques automobiles devant la porte, quelques plantons et c'est tout.

De nombreux fils téléphoniques rayonnent d'un petit bâtiment situé un peu en contre-bas, indiquant ainsi l'emplacement du poste de circonstance qui vient d'y être créé et qui permet ainsi au commandement supérieur d'être en relations constantes non seulement avec les armées et leurs quartiers généraux respectifs, mais aussi avec les différentes places du territoire et surtout les magasins et les arsenaux.

Vers l'heure du déjeuner, l'on voit les officiers sortir, corrects, vêtus d'une façon aussi réglementaire que s'ils étaient sur la place d'exercice, sans hâte, sans précipitation d'aucune sorte, et revenir ponctuellement deux heures après, reprendre leur tâche interrompue. Tout ce calme a quelque chose d'impressionnant, quand on songe à la responsabilité écrasante, à l'effort pénible, à l'appel continuel d'intelligence qu'il faut à tous ces hommes pour mener à bien l'œuvre gigantesque qu'ils poursuivent. Puis, lorsque la nuit tombe et que toutes les lumières s'allument à la fois dans les vastes salles où l'on travaille, le promeneur s'arrête longtemps à les contempler. Elles apparaissent comme le symbole des peines de ceux qui soutiennent ici un labeur acharné, image saisissante de l'effort de la pensée du chef qui en coordonne ou en répartit tous les éléments, véritable cerveau directeur d'une nation en armes.

Ce chef, ainsi que je l'ai déjà dit, n'est pas à proprement parler unique puisque c'est le roi Ferdinand Ier qui exerce le commandement de l'armée. Son influence personnelle y a été et y est encore considérable. D'éducation très française par sa mère, la princesse Clémentine, le roi a de tout temps manifesté la plus vive sympathie pour notre pays et c'est notamment grâce à lui que l'éducation militaire bulgare a été fortement marquée à l'empreinte des méthodes de notre Ecole supérieure de guerre. Aussi à ce titre, le triomphe des armes bulgares aurait-il plus de raisons encore de réjouir nos cœurs, car ce serait un peu aussi celui de notre influence et de nos procédés sur ceux des Allemands intronisés en Turquie par von der Goltz Pacha.

L'auxiliaire immédiat du tsar dans la conduite des opérations est donc le général Savof qui, ainsi que je l'ai indiqué plus haut, porte le titre de généralissime. D'une grande fermeté et d'un jugement sûr, le général Savof est un élève de la méthode russe, de la nouvelle méthode, devrais-je dire, car nul n'ignore les progrès sérieux que l'armée russe a réalisés depuis Moukden. Ce qui frappe chez lui, c'est l'extraordinaire mordant, la vigueur de ses décisions et l'énergie avec laquelle il sait en poursuivre l'exécution. Dans toute l'acception du terme, et sa popularité est bien là pour le prouver, c'est un entraîneur d'hommes.

Le chef d'état-major général, ou mieux le major général des armées en campagne, est le général Fitchef, de formation russe également, mais à qui une série d'études poussées très avant de nos auteurs militaires a donné une orientation d'esprit absolument conforme à nos idées. On lui doit, dit-on, en collaboration avec le général Radko-Dimitrief qui commande la IIIe armée, le plan offensif qui a immédiatement porté les armées bulgares au cœur de la Turquie d'Europe.

Je n'ai pas à revenir sur ce que j'ai écrit au sujet de ce plan, sinon que les événements confirment de plus en plus mes hypothèses et que déjà d'importants résultats ont été atteints que peut-être même ses auteurs n'espéraient pas si prompts.

Je veux parler ici de l'étourdissant fait d'armes dont la première nouvelle nous parvint avant-hier

au moment où nous venions de déjeuner : « Ser-
« rez-moi la main, dit le général Veltschef en
« rencontrant Ségonzac, serrez-moi la main car
« Losengrad est pris! » — Et, comme nous félici-
tions nos amis bulgares de ce brillant succès, j'ob-
servai que, malgré leur impassibilité habituelle,
ils étaient encore tout tremblants d'émotion, contenant mal la joie que leur causait la surprenante
nouvelle : « Il faudrait trois mois au moins pour
« qu'une armée telle que l'armée allemande pût
« s'emparer de Kirk-Kilissé! » aurait proclamé von
der Goltz. Le démenti un peu rude que vient
d'infliger l'armée bulgare à pareille assertion vaut
qu'on s'y arrête. Il est une preuve nouvelle de cet
axiome que l'on ne défend pas un pays avec une
ceinture de forts plus ou moins cuirassés, mais
bien avec une muraille de poitrines où battent des
cœurs vaillants.

A Dieu ne plaise que je veuille médire des Turcs
dont le passé prouve surabondamment la bravoure! Cependant je dois avouer la surprise, la
très grande surprise même que m'a causée la faiblesse de la résistance ottomane. J'ai personnellement, jadis, éprouvé les effets du courage d'autres
races musulmanes, les tribus marocaines de

Chaouïa et du Sud-Oranais, et j'ai été habitué là-bas à plus de ténacité. Je m'écriai même en plaisantant : « Pour l'Islam, j'en suis tout honteux! » Cette boutade d'un ancien officier de tirailleurs et qui sait ce que valent de pareils soldats dira bien ce qu'il faut en penser.

Les officiers bulgares nous avouent eux-mêmes leur surprise de sentir devant leur offensive ardente une résistance aussi molle. Qu'est-ce à dire? Les temps sont loin où le fanatisme musulman de ceux qui, depuis cinq siècles, campent au milieu de l'Europe chrétienne impatiente de leur joug, était capable de réduire en poudre les résistances slaves et d'ébranler jusque dans leurs fondements les murs de Vienne par deux fois assiégée. Oui, ces temps sont loin!... Depuis 1908, depuis plus longtemps même, les bases immuables où l'Islam est assis sont ébranlées. Le fanatisme est mort avec la révolution jeune-turque et c'est le sang revivifié des chrétiens qui triomphe à nouveau. C'est la croisade, a-t-on déjà mille fois répété, et ce mot demeurera éternellement vrai pour dépeindre la lutte qui se livre ici.

« Que les vieux murs de Rhodes ont dû frémir
« en se sentant à nouveau dans les mains des

« chrétiens! » disait le roi Ferdinand à notre attaché militaire lorsque la nouvelle des débarquements italiens lui parvint à Sofia. Cette phrase symbolise l'état d'esprit d'un peuple. Aussi la nouvelle des premiers succès fut-elle accueillie avec un enthousiasme indescriptible. Je rappelais tout à l'heure la minute émouvante où avec un tremblement dans la voix l'on vint nous annoncer la prise de Kirk-Kilissé. Dès le lendemain, un *Te Deum* solennel était chanté à l'église orthodoxe de Stara-Zagora et le roi y était acclamé par toute une population ivre de joie.

Je pense cependant qu'il ne faudrait pas, tout en admirant sans réserve le bel exploit du général Radko-Dimitrief, attacher au résultat matériel de la main mise des Bulgares sur Kirk-Kilissé une importance exagérée. L'armée turque désunie a été rejetée vers le sud et le sud-est, mais elle existe encore, elle existe et elle se renforce. Pour aller plus loin, il faut lutter encore et il faut vaincre.

Tirnovo-Seïmen, dimanche, 27 octobre.

Je viens de battre un record de lenteur en chemin de fer. Parti ce matin dans un train chargé de matériel militaire, qui a quitté la gare de Stara-

Zagora à 8 heures, je suis arrivé à Tirnovo-Seïmen à 6 heures du soir. Je ne dénombrerai pas nos arrêts continuels sur ce trajet d'environ 100 kilomètres. Les causes, par contre, sont intéressantes à connaître. Si l'on examine le réseau ferré dans la région concernant les opérations autour d'Andrinople, l'on voit que tout converge dans la région de Mustapha-Pacha, en passant par la gare de Tirnovo-Seïmen. D'autre part, toutes les lignes, y compris la principale qui, de Sofia à Constantinople, passe par Philippopoli et Andrinople, sont des lignes à voie unique. Il n'est donc pas étonnant qu'un engorgement des plus considérables se produise chaque fois que, pour une raison ou une autre, des transports un peu plus fréquents et un peu plus serrés de troupes ou de matériel ont lieu.

Or, pendant les dix heures que nous sommes restés en gare de Tirnovo-Seïmen, je viens d'assister au défilé ininterrompu de nombreux convois chargés presque uniquement de troupes de seconde ligne allant renforcer le corps de siège d'Andrinople. Je me pose immédiatement la question concernant ces troupes : d'où viennent-elles? à quelle division appartiennent-elles? Après maintes recherches, je finis par découvrir qu'il s'agit d'une formation entièrement nouvelle que, dans le plus grand secret, l'on a constituée à Philippopoli. Elle porte le nom de 11ᵉ division et se trouve commandée par le général Veltschef, dont je viens précisément de citer le nom. Composée des bataillons de dépôt des régiments actifs et d'un certain nombre d'unités choisies parmi les meilleures et les plus jeunes de la milice ou opoltchénié du premier ban, elle est destinée à renforcer le corps de siège d'Andrinople.

Ainsi se précisent, en apprenant tous ces détails, plusieurs points intéressants, à commencer par celui-ci qui me paraît de la plus haute importance, c'est que les Bulgares assiègent réellement le camp retranché d'Andrinople et ne se contentent pas de le masquer. Si ce siège paraît discutable au point de vue tactique, il est hors de doute cependant qu'il conserve une grande importance quand on s'arrête à la question d'amour-propre national: « Il faut prendre Andrinople! » m'ont répété avec énergie plusieurs officiers d'état-major bulgares et, d'autre part, l'écho populaire résonne avec enthousiasme quand on parle d'assiéger Adrin (1).

____

(1) Nom bulgare d'Andrinople,

Pour m'en convaincre, je n'ai qu'à regarder les troupes qui défilent devant moi. Régiments, escadrons, batteries appartiennent à la réserve et à l'opoltchénié cependant, mais ils montrent une ardeur égale à celle des meilleures unités actives. Durant la nuit entière, la gare de Tirnovo retentit des hourras prolongés que poussent les soldats entassés dans les wagons.

Pour me distraire, l'aimable commandant de la gare me montre toute une série de wagons chargés avec des prises effectuées à un sanglant combat qui vient de se livrer, il y a quatre jours, devant Andrinople, autour d'un village que l'on appelle Jourouch. Il y a là plusieurs centaines de fusils Mauser, des caisses de cartouches et quatre canons de campagne Krupp de l'ancien modèle, sans boucliers ni frein récupérateur. On va les diriger sur Sofia où l'arsenal les mettra en bon état de fonctionnement et les réexpédiera au corps de siège. Quant aux fusils, l'on en fera une distribution, ainsi que des cartouches, aux soldats du deuxième ban de la milice qui n'ont encore que des armes à poudre noire.

Cependant les convois passent toujours, pièces de siège de différents calibres, obusiers Krupp de

15 %, canons Schneider-Canet plus modernes et plus longs, madriers pour les plates-formes des batteries, matériel d'aviation, coupoles cuirassées mobiles montées sur un petit chariot du système bien connu de Schuman, aéroplanes enfermés dans de gigantesques caisses qui couvrent deux trucs à la fois, le tout alternant avec les régiments, les escadrons et les batteries de campagne, vivante image de la Bulgarie en armes. Je retrouvais dans ce défilé incessant les causes réelles de la victoire bulgare, l'alliance d'une force morale aussi vibrante et d'une organisation poussée aussi loin et du fond du cœur j'applaudissais aux succès de nos hôtes, non seulement par un sentiment d'accord relevant chez un Français de l'intérêt politique, mais aussi par dilettantisme militaire, en face d'une organisation aussi souple et aussi intelligemment conçue.

Lorsque tout fut passé, que les convois eurent succédé aux convois sans interruption, le nôtre se mit enfin en route et derrière les innombrables trains du corps de siège d'Andrinople, s'achemina lentement vers la Turquie et Mustapha-Pacha.

CHAPITRE III

AUTOUR D'ANDRINOPLE

Arrivée à Mustapha-Pacha. — Les premiers combats. —
Devant Andrinople. — L'état-major de la IIe armée. —
Préparatifs de départ. — Uskudar. — Soukioum.

Mustapha-Pacha, lundi, 28 octobre.

Les premières heures du jour nous surprennent un peu après la station d'Hermanli, à quelques pas de la frontière, qui passe exactement au hameau dit de « La Quarantaine ». C'est ici, m'explique-t-on, que s'est engagé le premier combat de la campagne. L'action, au surplus, ne fut pas des plus importantes et presque sans résistance, les postes turcs qui couvraient dans cette direction la ligne extérieure de défense du camp retranché d'Andrinople se retirèrent vers la ligne fortifiée des ouvrages de la place.

Les Bulgares s'avançaient en deux colonnes sur chacune des rives de la Maritza, repoussant devant eux les détachements ennemis qui tous se dirigeaient, dans leur mouvement en arrière, sur le grand pont de pierre situé à l'ouest de Mustapha-Pacha. Ils étaient en train de repasser sur la rive gauche et venaient d'essayer, mais en vain, de faire sauter une des arches du pont, lorsque le régiment de cavalerie de la Garde, qui battait l'estrade sur la droite des formations, se jeta au galop sur le passage et pénétra du même coup dans Mustapha-Pacha, empêchant ainsi les Turcs de renouveler leur tentative.

J'ai vu ce matin, en pénétrant en ville, le résultat de l'explosion du fourneau de mine. Il est insignifiant : à peine y a-t-il une brèche à la partie supérieure de la voûte l'entamant sur moins de deux mètres de large. De forts madriers ont d'ailleurs été établis aussitôt et la circulation est à l'heure actuelle aussi aisée que si le pont était complètement intact.

Nous ne pouvons atteindre la gare même de Mustapha-Pacha, tellement celle-ci est encombrée par les trains de la 11e division que l'on n'a pas réussi à faire refluer encore, après les avoir vidés. Grâce à l'amabilité du nouveau préfet bulgare de Mustapha-Pacha, M. Prichianof, qui voyage avec nous venant prendre possession de son nouveau poste, nous obtenons un modeste char à bœufs

Cuisine roulante de la 4ᵉ division.

Vue d'ensemble des bivouacs du 34ᵉ régiment d'infanterie.

Obusiers de 120 à tir rapide au parc d'Ermenikoj.

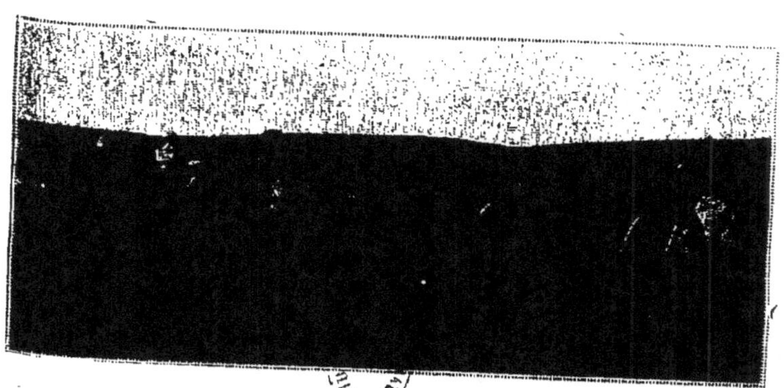

Le capitaine Georguieff et sa batterie d'obusiers de 120
à tir rapide.

qui emmène nos bagages vers la ville. Le préfet en tête, nous suivons tous à pied, heureux de nous délasser par cette promenade sous un chaud soleil d'automne. Une prodigieuse activité militaire se manifeste autour de nous. Le long de la route, c'est un défilé incessant de chariots pour la plupart chargés de munitions. Dans les champs, le long des routes, des bataillons entiers de la 11ᵉ division stationnent faisceaux formés, se reposant de leur trajet de nuit en chemin de fer et prêts à se mettre en marche dès le premier signal pour gagner les cantonnements que bientôt sans doute on va leur indiquer.

Nous franchissons la Maritza et nous pénétrons en ville où tout de suite, après avoir passé le pont, nous apercevons une lanterne couverte d'un drap rouge et surmontée d'un drapeau bulgare. Une pancarte porte ces mots écrits en lettres cyrilliques : « Quartier général ». C'est là où nous devons aller tout d'abord. Nous sommes introduits dans un bureau où officiers et secrétaires s'empressent autour des machines à écrire et des planches à dessin. Devant moi est étalé le calque de la situation journalière et, m'en approchant avec l'air le plus béat et le plus indifférent du monde, je m'efforce, après avoir attiré l'attention de Bernard par un vigoureux coup de coude, d'en enregistrer dans ma mémoire tous les éléments principaux. Malheureusement, au bout de quelque temps, un officier d'état-major s'avance vers nous et vérifie notre identité. Il a l'air visiblement gêné lorsqu'il apprend que, parmi les cinq ou six journalistes qui viennent d'arriver, il se trouve deux officiers. Sous un prétexte quelconque, l'on nous fait sortir tous et, peu après, je vois un planton apposer une pancarte devant la porte du bureau avec ces mots écrits en français: « Défense aux journalistes d'entrer ».

Cependant, après avoir fait connaissance avec quelques-uns des officiers bulgares de l'état-major, je suis aimablement invité par eux à venir prendre mes repas au mess qu'ils ont organisé dans l'ancien casino des officiers turcs. A défaut d'autre chose, la cave y est bien montée et elle se trouve notamment pourvue d'un vin turc un peu épais, mais qui nous paraît délicieux après les différents liquides, plus ou moins orthodoxes, que nous avions dû ingurgiter à nos derniers repas. Avant de pénétrer dans la grande salle où l'on déjeune, nous sommes présentés, Bernard et moi, au général Ivanof. D'aspect martial, même sévère dans son attitude, le commandant de la II° armée éclaire cependant son visage d'un sourire lorsque tous deux nous lui exprimons notre admiration pour les belles troupes qu'il commande et les glorieux résultats déjà atteints.

A sa suite, nous pénétrons dans la salle du mess; à l'arrivée du général, tous les officiers se lèvent et l'on attend pour commencer le repas qu'il en ait donné le signal. Même rituel respectueux au départ. Nous déjeunons gaiement, au milieu d'un véritable petit cercle franco-bulgare d'officiers sortis il y a peu de temps de l'Ecole de guerre et qui tous unanimement nous expriment leur joie du temps passé jadis en France parmi nous, l'excellent souvenir qu'ils en conservent et, en même temps, leur grand attachement à notre armée et à notre Patrie.

Grâce à leur obligeance, nous trouvons un gîte relativement confortable pour la nuit et nous nous y installons, couchés sur le plancher, bien enveloppés dans nos couvertures et nos sacs de couchage. La ville, mi-partie turque, mi-partie chrétienne, offre un aspect curieux d'épouvante et de joie mélangées. Toute la population ottomane l'a presque complètement désertée, ainsi que de nombreux juifs qui se sont également enfuis, craignant on ne sait quelles représailles. Il me semble que c'est ici du moins une peine bien inutile, car si les bandes irrégulières macédoniennes et aussi les troupes bulgares se sont quelquefois montrées un peu trop disposées à reléguer les considérations humanitaires au second plan, ce n'est pas le cas autour de nous. Plus de dix fois, voici que des prisonniers turcs isolés ou en groupe se sont présentés à ma vue, escortés par des soldats bulgares, et toujours j'ai admiré chez leurs vainqueurs la véritable fraternité qu'ils déployaient à leur égard, partageant amicalement avec eux cigarettes et nourriture.

La maison où nous campons est le local où l'ancien club israélite de Mustapha-Pacha tenait ses assises. Il n'y reste rien, si ce n'est un ensemble bizarre de meubles et de tableaux disparates. Parmi ces derniers, nous demeurons tous figés d'étonnement, quand, à côté des portraits de Mahomet II, le conquérant de Constantinople, et d'Abdul-Hamid, nous apercevons une photogravure de Dreyfus et une autre représentant le général Picquart.

Mais biéntôt d'autres soins que ceux de notre installation nous réclament et nous songeons à préparer notre départ en caravane pour nous rendre un peu plus près de la ligne de feu. Le général Ivanof, pressenti à ce sujet, nous fait comprendre que, nonobstant notre lettre blanche, il ne peut encore nous autoriser à circuler librement au milieu des lignes de l'armée de siège. « Dans deux ou trois jours, nous dit-il, je vous « enverrai dans les divisions et je vous promets « que vous verrez quelque chose d'intéressant! » Malheureusement, et le digne chef de la IIe armée me le pardonnera, je n'ai aucune foi dans une pareille promesse, certain que nous serons bernés ici comme ailleurs et que nous ne verrons rien.

Une crise de découragement s'empare de nous... quel sacrifice inutile d'être venu jusqu'ici pour ne jamais assister à un combat. Et comme si ce fût une ironie, voici que, dans le lointain, le canon gronde, faisant battre nos cœurs plus vite, allumant davantage la fièvre en nous. Dans l'après-midi, les grondements se font plus pressants, plus impérieux encore... l'on ne peut s'imaginer quelle souffrance c'est pour nous de sentir que l'on se bat là tout près et d'être condamnés à rester sur les bords de la Maritza, à regarder le fleuve, dont les eaux semblent s'enfuir en nous narguant vers Andrinople où nous voudrions courir.

De guerre lasse, nous tenons un conseil de guerre, Bernard, Puaux, Ségonzac et moi, et nous voyons bien, surtout maintenant que la horde des correspondants que nous avions pensé semer à Stara-Zagora vient de nous rejoindre, qu'ici il nous sera impossible d'en voir davantage et qu'il vaut mieux aller ailleurs. Ailleurs, c'est la III° armée, c'est le général Radko-Dimitrief que nous allons tenter de rejoindre sur le chemin de Stamboul, heureux si nous pouvons le rejoindre au cours d'une de ses glorieuses étapes avant qu'il ait définitivement jeté bas les derniers remparts qui protègent encore l'Islam.

Nous faisons part de notre décision à l'état-major de la II° armée qui, loin de nous arrêter dans nos projets, semble les encourager vivement. Au fond, je crois qu'ils sont enchantés de se débarrasser de nous et qu'ils souhaitent très sincèrement nous voir le plus loin possible. La seule précaution que l'on nous demande de prendre, c'est de tenir notre départ aussi secret que possible, de façon à éviter que la meute des autres journalistes n'entre en révolution en apprenant notre disparition.

Tout ragaillardi par cette nouvelle espérance de courir les champs, je me rends pour dîner au mess où nous scellons avec nos camarades de l'état-major une indissoluble confraternité d'armes rendue plus chaude et plus sincère encore grâce aux nombreuses libations de vin turc qu'il nous faut faire à tout instant.

Je profite des intermèdes entre deux effusions pour me faire conter le combat qui s'est livré, mardi dernier 22 octobre, autour de Jourouch.

C'est, d'après les dires unanimes de notre entourage, une des actions les plus violentes qui aient eu lieu jusqu'à présent autour d'Andrinople. Suivant le procédé déjà adopté précédemment, les forces bulgares opéraient simultanément sur les deux rives de la Maritza, 8ᵉ division sur la rive droite, 9ᵉ division sur la rive gauche, celle-ci assez fortement en retrait sur la précédente. Il s'agissait de rejeter définitivement les forces de la défense mobile ottomane dans l'intérieur de la zone fortifiée.

D'autre part, il semble que, le même jour, les Turcs aient eu l'intention d'attaquer les Bulgares

entre la Maritza et l'Arda et de repousser leurs
têtes de colonnes sur Mustapha-Pacha. En tout cas,
ils prirent nettement l'offensive dans la direction
du nord-ouest avec des forces que l'on a estimées
à une division environ. Après avoir déjà dépassé
Jourouch sur la rive droite de la Maritza, ils se
heurtèrent bientôt, vers une ligne de hauteurs qui
avoisinent Kadiköj et Koujounli, à l'avant-garde
de la 8e division.

Celle-ci, composée d'un régiment, fit front et
tout aussitôt, se cramponnant au sol, elle s'installa solidement dans des tranchées, maintenant
l'offensive ennemie et empêchant celle-ci de déboucher les collines de Jourouch. Les Turcs, devant cette résistance, cherchèrent à déborder leurs
adversaires par la gauche. Mais les Bulgares, ap-
puyés au nord à la Maritza, ne pouvaient s'étendre
que vers le sud également et ces mouvements
contraires des deux partis tendaient à s'équilibrer.
Cependant, la supériorité numérique des troupes
de la 8e division, au bout de quelque temps, per-
mit d'amorcer vers la gauche turque un mouvement enveloppant. Mais, au moment où cette contre-attaque allait se trouver en mesure d'être dé-
clanchée, les Turcs dirigèrent eux-mêmes deux

autres attaques orientées respectivement sur Koujounli et sur Kadiköj. Elles n'arrivèrent même pas
à moitié chemin de leurs objectifs. L'artillerie de
la 9ᵉ division, qui venait d'atteindre la rive gauche de la Maritza à hauteur de la 8ᵉ, fit à cet
instant face à droite et, se mettant en batterie,
couvrit de projectiles les colonnes ottomanes qui
attaquaient. A partir de ce moment, ce fut chez
ces dernières une véritable débâcle au cours de laquelle elles s'enfuirent laissant sur le terrain du
matériel d'artillerie et de nombreux prisonniers.
L'on me citait à ce sujet le joli mot du colonel
bulgare commandant le régiment d'extrême
droite : « Je suis navré de cette intervention de
« l'artillerie de la 9ᵉ division, disait-il, car elle a
« empêché mon régiment d'obtenir, à lui seul, la
« victoire. »

J'ai, d'ailleurs, vu une partie des prisonniers
faits à Jourouch, environ trois cents hommes que
l'on emmenait à la gare s'embarquer pour Stara-
Zagora. Ces gens avaient une attitude martiale,
ils étaient même remarquablement habillés d'ex-
cellentes capotes de drap gris fer; mais leurs traits
amaigris, leur avidité à prendre n'importe quelle
nourriture en laissent long à supposer sur les

souffrances qu'ils ont dû endurer. Ces malheureux meurent littéralement de faim. Leurs récits exagèrent évidemment la somme de privations qui leur a été infligée, mais ils permettent tout au moins de penser que l'excellente organisation des ravitaillements bulgares n'a pas sa pareille chez les Turcs. C'est, à n'en point douter, un gros élément de supériorité des armées slaves, car, suivant le vieil adage, l'on ne se bat bien que le ventre plein. Or, il paraît qu'il y a assez peu de vivres à Andrinople.

Je persiste à croire, malgré les combats qui se livrent très violents autour de la place, que cette dernière n'est pas et ne peut d'ailleurs pas être l'objectif principal bulgare. Il est indéniable qu'Andrinople est un point suffisamment important pour que le siège en soit motivé, mais l'objectif définitif, la résistance qu'il faut briser, c'est l'armée ennemie. Je demeure convaincu que l'ensemble de la II\ armée ne restera pas immobile autour du camp retranché. L'arrivée de la 11\ division en est une preuve flagrante et le soin que l'on a voulu mettre à nous faire ignorer jusqu'à son existence ne permet pas le moindre doute à ce sujet. Elle vient ici prendre la place d'une division, de deux peut-être, et ces dernières, glissant insensiblement autour d'Andrinople, se mettront en marche bientôt, si ce n'est déjà fait, pour rejoindre le gros des forces actives de campagne et engager, de concert avec elles, la bataille décisive de la campagne. C'est donc une raison de plus pour nous de chercher à quitter les environs du siège et de courir nous aussi à la bataille. Où peut-on logiquement supposer que cette dernière se livrera? A l'heure actuelle, il n'est guère possible de le dire. Lorsque le front des places fortes d'Andrinople et de Kirk-Kilissé tenait encore, que l'on pouvait supposer les Turcs se concentrant en arrière de ce front, il était fort admissible de songer à une grande bataille au nord de l'Ergène.

Mais nous sommes loin de ces temps, j'allais dire préhistoriques, et les espérances les plus hautes semblent avoir été dépassées par les événements eux-mêmes. En effet, si tel était bien le plan d'opération des uns, telle n'était pas la concentration des autres. A l'heure actuelle, les Turcs, pour des raisons que nous ignorons encore, mais qui sans doute tiennent à trois causes principales, paraissent avoir renoncé à se concentrer à proximité des places fortes. Ces trois causes relèvent des ordres d'idées suivants : tout d'abord l'insuffisance de leur préparation, la longueur de leur mobilisation et de leur concentration, les invite à gagner le maximum de temps. Ensuite la chute inattendue de Kirk-Kilissé les laisse très découverts sur leur droite et les contraint à se replier de ce côté, découvrant le chemin de Stamboul. Enfin la menace débordante de la 2ᵉ division bulgare traversant les Rhodopes, les obligeait à agir pareillement du côté de la Maritza. Il en résulte que, devant la vigoureuse offensive bulgare, ils n'avaient plus que la seule place d'Andrinople pour couvrir la réunion de leurs forces.

Ils paraissent donc s'être résignés à la solution suivante qui semble d'ailleurs la plus-sage : ils abandonnent Andrinople à elle-même comptant sur l'état très sérieux de ses fortifications et sur une garnison qui doit osciller autour d'un chiffre voisin d'une quarantaine de mille hommes, pour résister aussi longtemps que faire se pourra. D'autre part, ils transportent plus au sud leur zone de concentration, mettant une grande distance entre les avant-gardes victorieuses des Bulgares et eux-mêmes, de façon à profiter d'une proximité plus

grande de la mer et d'un éloignement plus considérable de l'ennemi, pour achever de réunir leurs
forces tout en couvrant constamment leur capitale.

Il est à penser que s'ils ont consenti au sacrifice
de la majeure partie de la Thrace livrée au libre
parcours des armées bulgares, s'ils n'ont pas tenté
d'autre résistance que celle qu'ils offrent vers Andrinople et plus antérieurement vers Kirk-Kilissé,
c'est que d'impérieuses raisons les y poussaient.
Mais il ne faut pas perdre de vue que ce sacrifice,
qui paraît voulu et consenti, doit dans leur idée
se trouver compensé par de sérieux avantages.
Ceux-ci ne peuvent être qu'une organisation plus
complète, un accroissement de forces considérable.

Nous revenons donc aux affirmations que je
soutenais au début, à savoir qu'il y a un intérêt
évident pour les Bulgares à ne pas insister devant
Andrinople et à se porter en masse à la bataille,
laissant seulement un corps de siège suffisant devant le camp retranché. La question se pose alors
une deuxième fois : où sera cette bataille? Je
répète que je l'ignore, car il n'est nullement
prouvé que les Turcs demeurent passivement dans

les régions de Tchorlou ou de Viza et qu'enfin concentrés en nombre suffisant ils ne prennent eux aussi une vigoureuse offensive.

Uskudar, mardi, 29 octobre.

Nous voici partis enfin errant à notre libre gré dans la campagne de Thrace. Mais ce ne fut pas sans peine que nous avons réussi à quitter Mustapha-Pacha et nos encombrants collègues. Les moyens matériels ont failli nous arrêter complètement. Puaux et Ségonzac possédaient bien une faible carriole, mais où leurs bagages très lourds, joints aux nôtres et à une provision indispensable de fourrage et d'avoine ne pouvaient tous tenir. Nous avions beau avoir lancé tout notre personnel en exploration, l'on ne trouvait plus rien. Finalement nous nous contentâmes d'un petit ânon gris assez vigoureux que, sans hésitation, je payais cinq louis et qui à ce moment en représentait bien davantage à nos yeux. Sans hésitation non plus, nous nous débarrassâmes de tous nos bagages, ne gardant que le strict indispensable : nos couvertures, une rechange de linge et nos cartes.

Mais tout cela prend du temps et, malgré notre impatience fébrile, nous voyons l'heure du déjeuner arriver sans être encore sur la route. A l'issue du repas, nous faisons rapidement nos adieux au général Ivanof et, après avoir pris congé des camarades bulgares, nous disparaissons en rasant les murs, nous cachant dans les moindres ruelles de Mustapha-Pacha pour sortir sans être aperçus. La réunion de nos divers groupes se fait à un bon kilomètres au delà de la lisière du village et, après un dernier coup d'œil en arrière qu'accompagne un gros soupir de soulagement, nous nous mettons définitivement en route vers l'est.

Notre caravane est des plus pittoresques avec la voiture peinturlurée bizarrement, ses chevaux de toute taille et de toute nuance et surtout notre petit ânon qui trottine surmonté du faix pesant de deux sacs de chasse, tandis que Vigier l'excite de son mieux et l'encourage par quelques caresses ou de guerre lasse, si l'herbe tendre l'attarde un peu trop, par quelques coups de bâton, pas trop vigoureusement appliqués. Qui à pied, qui à cheval, nous cheminons tout heureux de notre liberté nouvelle et à la pensée de voir enfin quelque chose.

A peine avons-nous gagné les crêtes qui dominent la rive gauche de la Maritza, que devant nous

se découvre un panorama étendu de croupes ondulées et sinueuses entremêlées de thalwegs profonds et encaissés. Leur orientation générale est
presque nord-sud descendant perpendiculairement
au lit du fleuve. Peu ou point d'arbres dans ce
terrain fait d'argile et de sable, à peine quelque
verdure dans les champs. Notre attelage a les plus
grandes peines à franchir la succession ininterrompue de crêtes qui s'élèvent normalement à
notre route. Pendant un instant, tandis que les
bêtes soufflent, arrivés à grand peine au haut
d'une côte, nous nous arrêtons au moment où le
soleil décline. Soudain, sur notre droite, un grondement sourd et prolongé se fait entendre, puis
un autre et la canonnade qui depuis la matinée
s'était tue reprend nourrie, entremêlant les coups
secs des pièces de campagne et le roulement plus
grave de l'artillerie de siège. Une série d'éclairs
brillants illuminent incessamment le ciel que le
crépuscule assombrit déjà. Malgré la nuit qui
tombe, tout là-bas, très loin vers l'Arda, au delà
de la Maritza qui nous en sépare, la canonnade se
fait plus pressante, les éclairs plus nombreux; un
projecteur balaie tout l'horizon d'un large pinceau de lumière blanche et crue. J'essaie de décou-

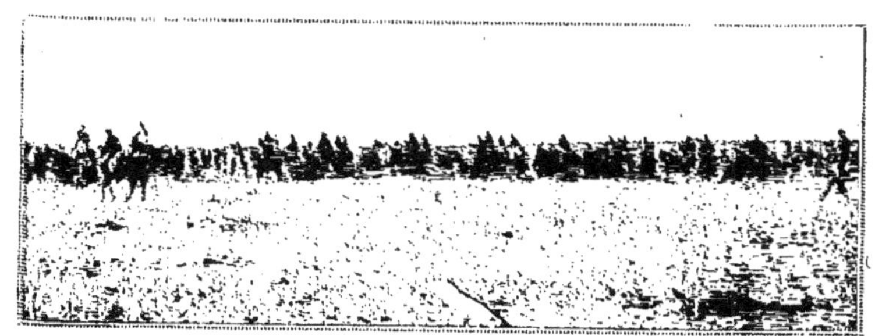

Inspection d'un chef d'escadron (major) commandant un groupe
de 75 du 9ᵉ d'artillerie partant pour le front.

Le général Dimitrief et le général Koutintcheff
devant le quartier général de la IIIᵉ armée.

Pont sauté à Kabatchakoj (6 kilomètres ouest de Tchataldja).

Pont de la ligne de Constantinople que les Turcs ont fait sauter
à Kabatchakoj (6 kilomètres ouest de Tchataldja).

vrir à la jumelle les points d'éclatement des projectiles, dont le sillage lumineux est très visible dans l'obscurité. Ils me paraissent très haut, mais sans doute la distance est-elle la cause de la façon défectueuse dont je puis apprécier leurs effets. Il me semble que l'artillerie bulgare est postée vers les crêtes de Jourouch et de Koujounli, et que de là elle tire sur les lignes avancées de la place dans le secteur entre Arda et Maritza. Mais l'action est impossible à suivre de si loin au milieu des ténèbres qui s'épaississent de plus en plus. Nous restons là longtemps cependant... puis, quand la nuit est tout à fait venue, nous reprenons notre route, tandis que des lueurs d'incendie montent au loin vers le ciel.

Ce spectacle, pour incomplet qu'il fût, nous a vivement intéressés, mais il a aussi fortement contribué à nous mettre en retard. D'un autre côté, ainsi qu'il est classique au départ de toute caravane, l'arrimage plus ou moins défectueux de nos bagages nous a contraints de le refaire en partie et à chaque côte enfin, malgré les efforts de l'attelage, il nous faut mettre la main à la pâte et pousser vigoureusement aux roues pour en atteindre le faîte.

Nous serions peut-être restés en détresse, dans la nuit, si, par bonheur, nous n'avions rencontré un bienheureux convoi de ravitaillement qui remontait à vide sur Uskudar, notre gîtes pour ce soir. Ce fut l'affaire d'un instant pour s'expliquer avec les braves conducteurs et tout de suite ceux-ci se partagent sur leurs chariots le surplus de nos trop encombrants bagages. Nous continuons plus gaiement la route vers notre cantonnement au milieu des psalmodies graves et tristes, mélopées d'une harmonie réelle, que chantent les bouviers bulgares en conduisant leurs buffles. Bientôt la lune sereine et lumineuse monte dans un firmament tout parsemé d'étoiles et jette sur notre convoi sa lueur bleue très douce, cependant qu'au loin les derniers coups de canon semblent scander notre marche et que le ciel apparaît tout frangé de rouge vers le sud, dans la direction d'Andrinople assiégée.

Soukioum, mercredi, 30 octobre.

L'hospitalité nous est offerte à Uskudar dans une confortable chaumière qui appartient à des Grecs où d'épaisses nattes de paille étendues sur le sol nous permettent de prendre un repos excellent et de nous préparer ainsi à continuer notre route aujourd'hui plus vaillamment. Cependant le canon qui avait parlé si fort depuis deux jours paraît se taire; aussi est-ce un peu désappointés que nous fouillons l'horizon de nos jumelles, cherchant partout le moindre indice de bataille pour y courir aussitôt. Mais rien ne trouble la quiétude d'une matinée calme et seule la nature nous offre quelque spectacle d'un intérêt suffisant pour satisfaire à notre curiosité. Nous descendons d'Uskudar sur le bourg campagnard de Pacha-malek, petit village turc complètement abandonné, mais où une mosquée en ruines au minaret fin et élégant s'élève très haut dans l'azur, jetant au milieu des figuiers qu'avoisine une source fraîche et limpide une note d'un pittoresque extrême.

Puis, comme nous remontons les crêtes, nous dirigeant vers Soukioun, une colonne d'infanterie apparaît. Je compte quatre groupements égaux de plus de 200 hommes chacun, il y a là tout un bataillon. Je m'écrie comme un enfant : « Enfin des soldats! » et j'éprouve une véritable joie de rencontrer enfin une troupe, si je puis m'exprimer ainsi, qui vit, qui marche, qui se garde en avant et sur les flancs, quelque chose en un mot qui ressemble un peu à une action réelle et qui par ses constants imprévus nous donne la sensation d'assister à autre chose qu'une étape du temps de paix.

A mesure que nous avançons, nous faisons de nouvelles découvertes : sur des collines qui bordent notre horizon vers le sud-est, nous apercevons des attelages d'artillerie groupés sur le revers des pentes, les pièces en batterie un peu en arrière de la crête, de l'infanterie en formation de rassemblement également à l'abri des vues de l'ennemi et qui, faisceaux formés près de ses canons, semblent être la réserve de cette portion du secteur d'attaque que nous traversons. Plus bas, sur un chemin sensiblement parallèle au nôtre, d'interminables attelages de buffles traînent des chariots pesamment chargés. En examinant ces derniers avec attention, nous reconnaissons des pièces de siège que l'on amène du chemin de fer où elles ont été débarquées jusqu'à leurs emplacements de batterie. Il y en a de toutes les formes et de tous les modèles, les unes courtes et trapues, les autres énormes et longues. Tout cela s'achemine lentement, lourdement, vers la crête fatidi-

que surchargée de troupes, qui nous barre la vue
d'Andrinople que l'on devine au delà. Cette artillerie, qui monte vers les positions choisies, va
tonner dès demain peut-être sur les ouvrages
avancés du camp retranché et l'évocation de ce
mot « le bombardement », que l'un de nous pro-
nonce, rend plus saisissant encore l'impressionnant silence qui règne autour de nous.

Nous nous replongeons dans la contemplation
de tout ce que nous voyons : tirailleurs déployés
dans les tranchées, compagnies d'infanterie au
repos en arrière, travailleurs du génie occupés à
des travaux de terrassement. Cet ensemble émane
d'une vie intense. Très loin dans l'ouest, dans la
région de Kemal, un ballon captif monte droit
dans le ciel, observant les positions turques qu'une
atmosphère limpide sans un souffle de vent doit
lui permettre de découvrir admirablement.

Lorsque nous dépassons le dernier coteau qui
nous sépare de Soukioun, Andrinople, « Adrin »
apparaît enfin, ceinturée de bois sombres, domi-
née par cent minarets pointus qui très haut dar-
dent leur flèche élancée dans l'azur, tandis que
bas, noirs et trapus, semblent assoupis tout autour d'elle les forts et les ouvrages turcs, senti-

nelles formidables qui veillent. Les quatre minarets et la coupole arrondie de la célèbre mosquée
du sultan Selim, tombeau de tous les khalifes,
puis, plus à droite, une fumée opaque et jaune
clôturent l'horizon. Qu'y a-t-il là-bas? Qu'y fait-
on? Tout un océan de questions se pressent à
mon esprit, cependant que mes yeux invariable-
ment se reportent aux tranchées maintenant très
nettes et très visibles où, face à face, Turcs et Bulgares se regardent dans un silence que le soir rend
plus impressionnant encore. C'est le présage an-
goissant du déchaînement furieux des centaines
de canons qui tout à l'entour vont allonger leurs
bouches menaçantes vers la citadelle prêts à vomir
la fonte et le feu sur le dernier boulevard de
l'Islam en avant de Stamboul. Dans la plaine, une
brigade bulgare de la 11ᵉ division s'avance au
milieu du crépuscule jusque vers la ligne des
tranchées qui de Soukioun-tépé descend sur Votchgatch. Elle vient relever les unités actives de la
9ᵉ division qui tiennent la ligne avancée de l'investissement dans le secteur compris entre la
Maritza et la Toundja.

Une rumeur court tout autour de nous, au milieu des troupes et des batteries qui garnissent

les crêtes de Soukioun que nous venons d'atteindre. L'on s'attend à ce que les deux régiments, mal renseignés sur leur itinéraire, ne dépassent le but qui leur est assigné et ne viennent exposer leur tête de colonne au feu des ouvrages ennemis. Toutes les pièces de campagne qui seules jusqu'à présent ont pu être mises en batterie, font face à demi vers la droite, les caissons sont ouverts, les canonniers à leur poste, le tir préparé et repéré sur un gros fort turc que l'on aperçoit en contre-bas et qui s'appelle, me dit-on, le fort d'Ekmek-tchiköj. Si ce dernier ouvre le feu, l'on est prêt à lui répondre. Mais les Turcs restent silencieux, car la brigade de réserve vient de profiter du dernier couvert du terrain pour infléchir sa marche et maintenant, parfaitement à l'abri, elle se dirige sur nous.

Nous nous portons alors sur le village même de Soukioun, où se trouvent à la fois les deux quartiers généraux de la 9ᵉ division qui va partir et de la 11ᵉ divsion qui vient la relever.

Le général Serakof, qui commande la 9ᵉ division, « la division de Plevna! » ajoute-t-il fièrement, nous reçoit avec la plus grande amabilité, « heureux de pouvoir serrer la main, nous dit-il, « à des Français amis des Bulgares ».

Le général Veltscheff, qui le remplace et que nous avions déjà rencontré à Stara-Zagora, nous accueille également avec l'empressement le plus cordial, exigeant presque que nous acceptions un ravitaillement en vivres que, dans notre détresse et devant le manque presque complet de ressources locales, nous n'hésitons guère à recevoir.

Cette courtoisie dans l'accueil, cette avenante sympathie que partout nous rencontrons nous émeut et nous touche au delà de tout ce que je peux dire. Aussi est-ce de tout cœur que nous exprimons au général nos remerciements en y ajoutant nos vœux pour les succès que leur fermeté et leur énergie ne peuvent manquer de continuer à procurer aux généraux et aux armées bulgares.

Soukiou, jeudi, 31 octobre.

Nous avons décidé, d'un commun accord, d'interrompre notre marche aujourd'hui, espérant profiter de notre situation à la gauche du secteur d'attaque des Bulgares pour assister à une action possible entre ces derniers et les Turcs. Nous partons de bonne heure pour gagner l'espèce d'épel'on que forme le Soukioun-tépé au-dessus du village d'Akbounar et de la vallée de la Toundja.

Chemin faisant, nous rencontrons un gendarme, que l'on appelle ici « stradjar », qui revient du front en poussant devant lui deux fantassins turcs. Ce sont deux déserteurs, nous explique-t-il; il en vient comme cela tous les jours. Un grand nombre d'entre eux sont, il faut le reconnaître, des chrétiens de Thrace ou de Macédoine, enrégimentés malgré eux sous la bannière nusulmane et qui se hâtent, dès que l'occasion est propice, de s'enfuir et d'accourir vers les lignes bulgares. Tous racontent qu'ils n'ont plus rien à manger, que c'est tout juste si, tous les deux ou trois jours, ils reçoivent un misérable morceau de pain et que certainement la place capitulera d'ici peu faute de nourriture. De fait ces deux-ci ont le visage amaigri et les traits souffreteux. Cependant, je crois que les Bulgares auraient tort d'ajouter trop facilement un crédit illimité à de pareilles assertions qui, premièrement, peuvent être tendancieuses et qui, ensuite, quoi que l'on en puisse croire, me paraissent, quant à moi, dénuées de fondement. Il me semble, en effet, qu'une place telle qu'Andrinople qui, à l'inverse de Kirk-Kilissé, est parfaitement bien organisée, a dû recevoir, dès le temps de paix, un approvisionnement en vivres au moins aussi sérieux que celui de ses munitions. Si les distributions sont rares, c'est que peut-être Ghoukri-pacha prévoit un siège fort long et que, dès le début, il met à la ration garnison et habitants partant du vieux proverbe : « Qui veut aller loin, ménage sa monture ». Cette opinion est discutable, je le sais, étant donnée l'incurie générale dont les Turcs paraissent faire preuve en ce moment. Cependant je la crois bonne et nous verrons dans l'avenir si les événements me donneront tort ou raison.

En arrivant à l'extrémité du Soukioun-tépé, qui est environ à 6 kilomètres du village de Soukioun, nous sommes reçus par le chef du secteur d'attaque que nous visitons. C'est le colonel Kiriakof, qui commande le 4ᵉ régiment, ou régiment du prince Boris, le fils aîné du tsar Ferdinand. C'est un des régiments de la 9ᵉ division, reconnaissable à ses pattes d'épaules jonquille et au bandeau de même nuance qu'il porte à la casquette. Le colonel nous explique en quelques mots la situation actuelle de son régiment, ayant deux bataillons en première ligne et deux autres bataillons en arrière en réserve. Ses postes avancés, tenus par des sections déployées dans des tranchées, sont en bas dans la plaine, à hauteur d'Akbounar et de Votchgatch, face à face, à moins de 600 mètres, avec l'infanterie turque que le colonel Kiriakof nous montre très visible, en effet, au loin, vers Havaras. Nous sommes conduits ensuite au poste de commandement du secteur, d'où le chef du 4° régiment peut non seulement voir très aisément l'ensemble de la zone qui est dévolue à ses troupes, mais communiquer avec elles ainsi qu'avec le quartier général de la division à Soukioun et avec les chefs des secteurs voisins.

Ce poste de commandement n'est qu'un simple abri enterré recouvert d'un pare-éclat très épais formé de rondins établis jointivement et recouverts de 50 centimètres de terre. L'on nous recommande de ne pas nous profiler sur la crête, car à chaque instant, malgré la distance, les Turcs saluent d'un ou de deux obus les apparitions suspectes, ce qui est fort inutile pour nous ou nos amis.

J'observe que, tout autour de l'emplacement que nous occupons, les travaux de terrassement des batteries de siège à peine commencés hier sont non seulement complètement terminés, mais même qu'une bonne partie d'entre elles sont armées et approvisionnées. Il y a là tout près une magnifique batterie de canons de 120 $^m/_m$ que je grille d'envie d'aller voir de près, ce à quoi d'ailleurs il me faut renoncer, car aujourd'hui, si l'on est tout aussi aimable qu'hier à notre égard, l'on n'a pas l'air d'être aussi large au sujet des permissions de courir librement dans les champs. Un major de cavalerie nous accompagne sous le prétexte de nous guider aux points intéressants, mais en réalité pour nous tenir en bride et nous empêcher d'aller trop loin... ou trop près!...

Je me contente donc, assis sur un quartier de roche, de regarder la batterie à la jumelle et j'avoue que ce que j'aperçois est fait pour réjouir l'œil du critique le plus difficile. Les pièces sont placées à 400 mètres environ en contre-bas de la crête, par conséquent parfaitement dissimulées aux vues. Les plates-formes, construites avec soin, sont suffisamment enterrées pour protéger le personnel contre l'arrivée, toujours possible, d'un coup malheureux. Enfin, pour compléter cette protection, un pare-éclat semblable à celui du poste de commandement où je me trouve recouvre tout l'ensemble de la pièce et de la plate-forme. A droite et à gauche de la batterie, deux excavations considérables sont creusées. Ce sont les niches à munitions qu'un service de ravitaillement organisé à l'aide de chariots traînés par des buffles va remplir incessamment.

C'est ici que serait très utile le petit chemin de fer Decauville à voie de o m. 6o que j'ai aperçu en débarquant à Mustapha-Pacha. Malheureusement, s'il est utilisé, il ne l'est pas dans la direction des batteries de Soukioun-tépé, car je ne vois rien de semblable par ici.

Nous restons là longtemps espérant toujours que la canonnade interrompue ou presque depuis deux jours va reprendre enfin, mais la journée se passe sans que la moindre détonation fasse retentir les échos d'alentour. De guerre lasse, nous reprenons le chemin de Soukioun au moment du coucher du soleil, quand, au delà de la grande forteresse d'Ekmektchiköj, une série d'éclairs jaillissent et que les grondements aux sonorités graves roulent bientôt sans interruption. Ce sont les Turcs qui tirent et seulement les Turcs, les Bulgares ne répondent pas. En examinant avec soin l'emplacement de l'origine des éclats lumineux

que nous apercevons, nous nous rendons compte
que le tir des Ottomans provient de la suite des
ouvrages qui prolongent vers le sud ceux d'Ekmektchiköj jusqu'à la Maritza, en arrière de Tchi-
flik-Kara-Meltchou. Pendant longtemps, nous ne
voyons pas les points d'éclatement, puis quelques
coups trop hauts nous indiquent l'objectif du tir.
C'est le village de Kemal ou du moins un groupe
de fermes qui en est voisin. Sans doute, à l'approche du crépuscule, l'infanterie bulgare a voulu se
jeter en avant, profiter de la nuit pour marquer
un nouveau bond en avant. Mais elle a peut-être
commencé son mouvement trop tôt. En tout cas,
elle est éventée, car, sans interruption, les obus se
succèdent autour des fermes et dans les ravins qui
les avoisinent. Bientôt une épaisse fumée monte
vers le ciel, des flammes surgissent, éclairant tout
l'ensemble d'une lueur rougeâtre qui donne à ce
coin désolé un aspect sinistre et infernal. La nuit
tombe sur tout cela et, comme si le jour n'eût
point suffi à la rage destructrice des combattants,
un projecteur s'allume dardant son faisceau de
lumière blanche sur le pauvre hameau si paisible
et si calme il y a un instant, à jamais ruiné et
dévasté maintenant.

CHAPITRE IV

D'ANDRINOPLE A KIRK-KILISSÉ

Akboumar. — Ortakchi. — La haine bulgare. — Les combats de Seliolou. — Vers Kirk-Kilissé.

Akboumar, vendredi, 1ᵉʳ novembre.

Nous sommes partis assez précipitamment de Soukioun, craignant d'y être retenus. En effet, dès la veille, de nombreux coups de téléphone avaient dû être échangés à notre sujet entre le quartier-général de la IIᵉ armée et le commandant de la 11ᵉ division. Celui-ci nous avait même fait dire de nous abstenir d'aller vers la ligne des batteries du Soukioun-tépé. De temps à autre, une figure inquiète d'officier d'état-major apparaissait à notre porte, semblant s'enquérir si nous n'avions besoin de rien, mais en réalité avec l'intention visible de s'assurer si nous ne bougions pas.

Nous décidâmes, en conséquence, de déménager sans tambours ni trompettes, dès l'aube le lendemain, c'est-à-dire aujourd'hui. Ainsi fut fait. Servis à souhait par un bienheureux brouillard, dès sept heures du matin, nous contournâmes les uns à droite, les autres à gauche, les lisières de Soukioun et nous disparûmes avec armes et bagages dans la direction de la Toundja. Que le général Veltchef, qui dut pousser un gros soupir de soulagement en apprenant notre départ, nous le pardonne!

Mais, dans notre précipitation à nous évader, nous avions assez mal reconnu notre route et ainsi qu'il est classique en pareil cas, sans aucune hésitation avons-nous pris un chemin qui n'était pas le bon et qui nous a menés droit au nord, alors que l'orientation générale de notre itinéraire devait nous conduire à l'est. Cette erreur d'un voyageur consommé, flanqué d'un explorateur célèbre et de deux officiers d'état-major, tous quatre également bien pourvus de boussoles et de cartes, peut paraître grossière, cependant nous l'avons commise, archi-convaincus d'être dans la bonne direction.

Une de nos excuses gît dans l'état réellement déplorable des pistes et des chemins. Je savais bien les Turcs assurément gens de peu de progrès. J'ai fréquenté suffisamment choses et gens de

Mosquée de Kabatchakoj incendiée par les Bulgares.

Le colonel Vassilieff, commandant le 19ᵉ d'infanterie,
le major Martcheff, du 5ᵉ d'artillerie, et un groupe d'officiers
examinant les positions turques
au moment de l'ouverture du feu, le 17 novembre 1912.

Ruines de Paschamalek.

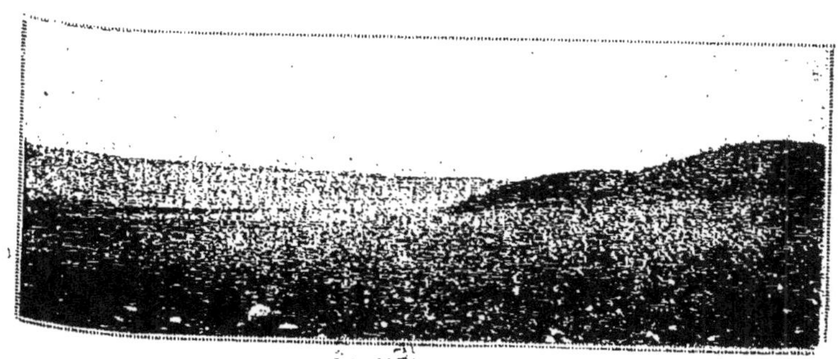

Vue panoramique du secteur d'attaque d'Andrinople
(prise de Paschamalek).

l'Islam pour savoir que le rite coranique contribue puissamment à figer tout autour de lui immuablement. Rien ne peut s'y développer, à quelque influence civilisatrice que l'on se trouve aux prises et toutes les volontés, si robustes soient-elles, demeurent impuissantes à remédier à une situation de fait que l'ère musulmane semble avoir fixée, pour tous les siècles à venir, à la première année de l'Egire…. Je ne croyais cependant pas les routes turques si mauvaises. Nonobstant ces réflexions de haute philosophie que je m'efforçais de trouver consolantes en cheminant au milieu de la brume, je constatais, avec mes compagnons de route, que la Turquie ne le cédait à aucun pays du monde quant au pitoyable état de ses chemins. C'est un labyrinthe inextricable de pistes et de sentiers qui se croisent, se mêlent, changent de direction à l'infini, sans qu'il soit possible de s'y reconnaître.

Petit à petit cependant, nous nous retrouvons et nous prenons la bonne route, tandis que le brouillard se dissipe. Le soleil apparaît bientôt, éclairant d'un gai rayon les ruines du donjon de Fikel. C'est une sorte de burg géant, surplombant un rocher, demeure antique d'un bey tyrannique sans doute, brigand féodal vivant aux dépens des misérables raïas, des giaours grecs, pauvres gens malheureux dont les petites maisons basses et sales se pressent autour des ruines qui orgueilleusement les dominent encore.

Derrière nous, le canon gronde à nouveau. Ce sont les Turcs qui perdent inutilement leur poudre contre un aéroplane, un biplan qui survole Andrinople. Des yeux nous suivons l'oiseau hardi qui plane à une très grande hauteur, au-dessus, bien au-dessus des nuages opaques que font les explosions de shrapnels. Impassible, il tourne en larges cercles au-dessus de la ville et de ses forts. A son bord, sans doute, un officier d'état-major note les détails des lignes ennemies, l'avancé des tranchées, les batteries enterrées, les travaux de sape et de terrassement qu'entreprennent les pionniers, la moindre levée de terre enfin. Et, dans la cité même, quelle terreur son ombre ne doit-elle pas causer dans les rues, sur les places, dans les nombreux camps turcs, surtout aux tentes blanches visibles de si loin ? Cependant, je dois dire que jamais les Bulgares ne se sont livrés au moindre lancé de projectiles du haut des airs. Dans Andrinople, cela se conçoit, car la ville est en grosse partie habitée par une population chrétienne. Mais j'avoue que l'occasion doit sembler bien belle à l'aviateur lorsqu'il passe au-dessus des tentes coniques alignées sur les glacis des forts ou bien à hauteur des places d'armes dans les tranchées, là où sont massées les réserves.

Le canon se tait au moment où nous abordons la Toundja, important affluent de la Maritza qui a son confluent dans Andrinople même, au point où l'Arda se jette également dans le fleuve. L'Arda elle aussi fut le théâtre de combats glorieux pour les armes bulgares. La 2ᵉ division, qui opère dans les Rhodopes après les succès obtenus à Kirdjali, a franchi la rivière en ce point et, descendant vers le sud sur Dimotika à travers la montagne, a chassé devant elle les populations pomak (1) qui faisaient cause commune avec les Turcs. Elle a ensuite bordé la Maritza au sud-ouest complétant et couvrant l'investissement du camp retranché de ce côté. La 8ᵉ division, victorieuse à Jourouch, a jeté un pont sur l'Arda à Simenli et se trouve, dès maintenant, en liaison avec la 2ᵉ division. De ce côté, sur les deux rives de l'Arda l'on attaque vigoureusement la place, tandis que la 9ᵉ divi-

_____

(1) Bulgares musulmans.

sion, maintenant remplacée par la 11ᵉ, en faisait autant entre Toundja et Maritza. La ville est désormais étroitement enserrée dans la tenaille bulgare et l'angle nord-ouest de sa ligne principale de défense formé par les trois ouvrages d'Ekmektchiköj, de Papas-tépé et de Kartal-tépé est l'objet visible de l'attaque principale de l'assiégeant, tandis que, sur les autres secteurs, il se contente de maintenir, d'une façon à peu près passive, l'investissement. La proximité de la voie ferrée, utilisée non seulement jusqu'à Mustapha-Pacha, mais même jusqu'au village de Kadiköj, permet d'amener aisément dans ce secteur plutôt que dans tout autre le matériel de siège : pièces lourdes, madriers énormes, plates-formes des batteries, enfin munitions indispensables, malgré leur poids et leur difficulté de transport.

Le développement nécessaire au demi-cercle de batteries qui entourent le camp retranché à l'ouest et au nord s'étend depuis les hauteurs au sud de l'Arda jusqu'aux collines du Soukioun-tépé qui en marquent la gauche. Indépendamment de ce que j'ai pu voir de très près à Soukioun, je me suis également rendu compte des extraordinaires travaux de terrassement qui, derrière chaque crête, derrière chaque abri, ont permis de placer une batterie, d'incruster des canons prêts à cracher la mitraille sur les fortifications ennemies. Pour faciliter toute cette installation qui ne sera, d'ailleurs, complètement terminée que dans deux ou trois jours, on mettra en usage très certainement le Decauville à voie étroite dont je déplorais l'absence hier sur le Soukioun-tépé. Ses vagonnets seront parfaits pour traîner à l'aide de chevaux, ou même à bras, les lourds projectiles de 150 et leurs gargousses.

Par un scrupule d'humanité qui leur fait hautement honneur, les Bulgares ont annoncé aux Turcs qu'ils leur permettaient de faire évacuer les bouches inutiles, déclarant qu'ils n'ouvriraient pas le feu avant quarante-huit heures. J'ignore quelle réponse les assiégés ont faite à cette proposition. Il y a lieu de penser néanmoins que Choukri pacha n'y donnera aucune suite en raison de la grande proportion de population chrétienne à Andrinople.

Lorsque nous abordons la Toundja, nous avons quelque difficulté à trouver le pont de pilotis qui a été établi par les pionniers bulgares. Il se trouve légèrement en amont d'Etapkeuï, adroitement dissimulé aux vues par un coude de la rivière bordée de grands arbres. Un poste militaire le garde ayant des factionnaires sur les deux rives et il nous faut montrer patte blanche pour le franchir. Nous profitons de la proximité de l'eau pour faire boire nos animaux et nous restaurer nous-mêmes, ce qui nous vaut les souhaits de bon appétit que nous jettent au passage les deux officiers russes autorisés comme nous à rejoindre les armées bulgares en rase campagne et qui, mieux remontés que nous, nous dépassent sur la route de Kirk-Kilissé.

Puis nous reprenons notre étape monotone au milieu des interminables convois dont les anneaux se déroulent le long des pistes, emplissant l'air du crissement énervant des essieux et des exclamations gutturales des charretiers qui excitent leurs attelages.

Mais le soleil devient plus chaud, l'air devient plus lourd..... Inquiets nous regardons le ciel, pressentant la pluie et nous demandant dans quel état lamentable elle mettra demain la route déjà si mauvaise.

Ortakchi, samedi, 2 novembre.

Hélas ! bien abrités dans la maison de l'aimable pope du village d'Akbounar, nous avons entendu pendant la nuit des torrents d'eau s'abattre sur notre toit et tout à l'entour. Aussi est-ce la mine basse et triste que nous voyons le jour venir et que sa lueur grise, terne, nous montre une campagne inondée, une piste transformée en océan de boue, des ornières remplies d'eau. Cependant que je marmotte *in petto* mes imprécations contre l'Islam en général et les mauvais chemins de Turquie en particulier, Ségonzac se dévoue et part en exploration dans le village, pour chercher à renouveler notre attelage de bœufs, tandis que Puaux s'efforce de nous consoler en évoquant l'espoir de jours meilleurs. Grâce à l'amabilité d'un officier bulgare, le lieutenant Warbenof, nous arrivons à prix d'or à engager un nouveau chariot. Notre nouvel ami tient absolument, avant de nous séparer, à nous inviter à déjeuner; il pousse même la courtoisie, afin de ne pas nous déranger de notre logis où nous sommes si bien, jusqu'à y faire transporter les plats par son ordonnance. C'est un repas royal comme depuis déjà quelque temps nous n'en avons vu, composé mi-partie de mets bulgares, à la saveur un peu aigre mais point trop désagréable et mi-partie de plats français tels que ragoût de mouton, poulets, etc.... Le tout, arrosé d'une excellente bouteille d'un cru célèbre de Plevna, nous remet à peu près en humeur suffisante pour continuer notre route.

Mais réellement celle-ci est terrible. Bêtes et gens glissent et trébuchent à chaque pas et c'est avec une peine inouïe que nous arrivons à avancer. J'admire Bernard qui, avec l'adresse d'un professionnel du skating, exécute de savantes glissades et des entrechats merveilleux tandis que je m'épuise en vains efforts. Furieux, transi, mouillé, je viens me réfugier noblement sur notre char, où, cahoté entre deux cantines et un sac de couvertures, j'attends la fin.....

Mais la route se poursuit malgré tout, longue, dure, monotone, sans incident d'aucune sorte. Le canon, qui hier encore faisait rage, s'est tu et rien ne vient troubler l'air, si ce n'est cette pluie fine et froide qui tombe toujours, toujours, inlassablement, transformant la terre en un désert de boue argileuse et collante dont il semble que jamais nous ne nous évaderons.

...Et cependant je songe qu'ici, tout près, des hommes se battent, se guettent, se tuent, meurent, que la guerre est tout autour de nous, que les ornières où je glisse sont celles qu'ont creusées ces milliers de chars qui portent aux armées bulgares vivres et munitions, c'est-à-dire l'élément indispensable pour qu'elles poursuivent leurs travaux glorieux et qu'elles assurent la libération de leur race.

Alors tout cet effort gigantesque fait non seulement du sacrifice généreusement consenti de l'existence, mais aussi de ces mille petites souffrances qui s'ajoutent les unes aux autres, tout cela me paraît noble, beau, admirable et je ne sais plus lequel il faut louer davantage, du blessé courageux qui endure la douleur sans se plaindre, ou de la vedette, de la sentinelle, de l'éclaireur bulgare qui, la nuit entière, à genoux ou couché dans l'eau qui emplit sa tranchée, dans la boue qui s'étend dans les champs, veille attentif, aux aguets, le doigt sur la détente, dans une continuelle attente de l'ennemi qui peut à tout instant surgir de l'ombre et l'attaquer.

Bientôt sur une crête nue et désolée, ventée comme le pont d'un paquebot un jour de cyclone, se profilent des hommes, deux par deux, le fusil à la main. Ce sont les factionnaires qui veillent aux issues du village d'Ortakchi, notre gîte pour ce soir.

Dès notre arrivée nous apprenons que le général Serakof, que trois jours avant nous avions rencontré à Soukioun, après avoir été relevé par le général Veltchef et la 11e division, est venu ici établir son quartier général. Sa division, la 9e, est appelée d'urgence à l'armée du général Dimitrief et, laissant au corps de siège sa brigade de réserve, elle va s'ébranler dès demain dans la direction du sud-est. Et comme nous exprimons notre satisfaction au général du hasard qui va nous permettre de faire route côte à côte avec sa division, il nous interrompt et nous déclare *ex abrupto* que de cela il ne saurait être question, car il se voit à son grand regret dans l'obligation de nous faire reconduire à Mustapha-Pacha. Nos visages s'allongent, s'allongent indéfiniment, quand nous nous avisons de sortir à nouveau notre fameuse lettre blanche en le priant d'en examiner attentivement la teneur qui, indiscutablement, nous

donne tous les droits de parcourir en tous les sens
les contrées où opèrent les armées bulgares. Après
une lecture attentive, le général se rend à nos
raisons et, après avoir cru devoir prendre un ton
sévère, il se radoucit et s'apitoie sur le sort misérable des correspondants de guerre errant sous
un ciel aussi inclément. Enfin il pousse la gra-
cieuseté jusqu'à nous permettre de faire réquisitionner de nouveaux moyens de transport et à
mettre deux stradjars à notre disposition pour
nous escorter et faciliter notre marche.

Cette question des transports de nos bagages
est réellement angoissante, car ici, plus même
qu'en Bulgarie, tout, absolument tout, a été ré-
quisitionné pour les besoins de l'armée. Au début,
les Turcs sont venus qui ont usé et même abusé
de bien des choses, y compris la réquisition de
toutes sortes d'objets. Puis l'armée victorieuse
dont le mouvement incessant vers l'avant néces-
site une augmentation considérable de son outil-
lage en chariots et voitures. Le malheureux correspondant de guerre qui n'a pu complètement se
munir à Sofia ou à Stara-Zagora de tout ce qui
lui était indispensable se trouve donc, de ce fait,
dans le plus cruel embarras.

Nous sommes encore cantonnés chez un pope vénérable où nous voisinons avec trois médecins de réserve de la 3° division. Ce sont des gens aimables qui ont fait leurs études médicales en France et ont gardé de notre patrie non seulement un agréable souvenir, mais une exquise cordialité toute française qu'ils tiennent à prodiguer pour tout ce qui vient de notre pays.

Nous dînons de compagnie et, grâce à nos hôtes, nous réussissons à faire une ample moisson de renseignements. Chemin faisant, j'espère ainsi recueillir des bribes ou des parcelles de vérité et, de tous ces éléments épars, démêler enfin ce qui s'est passé exactement. L'on nous apprend d'abord que la 3° division est descendue droit au sud après l'ouverture des hostilités et qu'elle s'est portée directement sur le front nord d'Andrinople en suivant les deux rives de la Toundja.

Les éléments de droite se trouvèrent arrêtés, le 21 et le 22 octobre, par des forces turques assez considérables à la hauteur de Boujouk-Smaïltcha et de Hadjiköj. Il s'agissait vraisemblablement d'une tentative de la défense mobile d'Andrinople faite pour s'efforcer d'élargir le cercle de l'investissement qui tendait à se fermer. Le bulletin officiel bulgare s'était d'ailleurs exprimé plus que pompeusement au sujet de ces rencontres, renchérissant sur la débâcle turque et sur l'impétuosité irrésistible des régiments bulgares. Il semble bien que nos commensaux de ce soir, à qui l'on n'a peut-être pas fait aussi bien la leçon au sujet des couplets à servir aux reporters qu'à la section de censure elle-même, sont beaucoup moins catégoriques sur tous les à-côtés du combat. C'est ainsi que nous apprenons que la brigade de réserve de la 3ᵉ division, composée des 41ᵉ et 42ᵉ régiments, eut terriblement à souffrir du feu des soldats turcs qu'elle trouva retranchés fortement sur la rive gauche de la Toundja, à la hauteur de Kaïpa et d'Ortakchi. Ces troupes ennemies appartenaient à un corps turc, assez probablement le IIᵉ, venu de Gallipoli et contre lequel le reste de la Iʳᵉ armée eut également à donner vers Erdjali et Seliolou.

Tous ces combats ont été assez durs et la preuve la meilleure nous en est donnée inconsciemment par notre auditoire entre les mains de qui presque tous les blessés des dernières luttes viennent de passer. Je note quelques chiffres, au hasard, celui-ci par exemple : le 21, le 41ᵉ régiment à hauteur d'Ortakchi eut plus de 50 tués et 396 blessés.

On nous raconte aussi certains faits curieux de l'état d'esprit des Turcs. Près de Mouratchilar, des soldats ottomans auraient mis la crosse en l'air, probablement des soldats chrétiens. Puis, les Bulgares s'approchant sans défiance, des mitrailleuses placées sur les flancs auraient ouvert le feu et, en quelques instants, auraient occasionné de graves pertes. Je n'ai naturellement pu contrôler la véracité de cette assertion, mais il semble bien en résulter, ainsi que de mille autres, plus ou moins différentes, que les Turcs se sont trouvés sur tout le front en un état pitoyable d'infériorité, de manque de préparation et surtout de moral devenu mauvais, au delà de toute expression.

Puis, après ces récits, chacun nous demande des nouvelles de ce qui se passe au loin, en Bulgarie, en Europe, en France. Tous parlent de la France avec une sorte de culte fervent et l'on sent que chez eux l'avenant accueil et l'aimable hospitalité reçus jadis dans notre pays natal sont restés profondément gravés dans leur mémoire. Grâce à eux, cette soirée, chez le pope d'Ortakchi, fut bien moins maussade que l'horrible après-midi pluvieuse. Ce fut tout de même avec joie que nous entendîmes la pluie cesser bientôt, puis, vers le matin, que, dans l'humble logis de torchis et de paille, nous ressentîmes les atteintes piquantes d'un froid assez vif, espoir d'un réveil sans pluie et d'un chemin sans boue.

Gerdeli, dimanche, 3 novembre.

En même temps que nous, la brigade de réserve de la 3ᵉ division quitte Ortakchi. Ainsi se confirme définitivement ce que nous pensions : la 3ᵉ division, depuis quelques jours, est en route pour rejoindre les armées qui opèrent au sud-est de Kirk-Kilissé et la 9ᵉ va suivre dès que la 11ᵉ division aura terminé la relève de celle-ci devant le camp retranché assiégé.

Je fais part de mes réflexions à Bernard et, d'un commun accord, nous trouvons que tous ces mouvements sont bien longs, qu'il paraît difficile que, à peine en route maintenant, ces divisions puissent participer à la grande bataille que l'on pressent là-bas vers Viza, ou plus au sud à Lüle-Bourgas. Qui sait si cette bataille, indiscutablement engagée maintenant, n'en est pas au moment de sa décision, ou même de sa conclusion définitive à l'heure actuelle? Mystère... on ne sait rien... et ici véritablement je crois que les Bulgares qui nous environnent n'en savent pas plus que nous et que leur fatidique « je ne sais pas » n'est pas, comme d'habitude, un pieux mensonge. Tout ceci nous fait souhaiter nous hâter encore davantage, mais nos bagages trop lourds nous empêchent d'avancer au delà d'une étape moyenne chaque jour et, quel qu'en soit notre désir, nous n'atteindrons pas encore Kirk-Kilissé aujourd'hui.

Nous cheminons côte à côte avec plusieurs officiers de la colonne que nous suivons et, tout de suite, la plus grande cordialité préside aux conversations. Longuement l'un d'eux, un officier d'artillerie, me parle de l'atrocité et de la barbarie des Turcs. Il est d'origine macédonienne, c'est-à-dire descendant des chrétiens encore soumis à la domination ottomane.

A ce sujet, je crois nécessaire, au préalable, de faire un aveu : avant ma venue ici, j'ignorais, ou peu s'en faut, qu'il y eût une Macédoine, une Thrace, où des êtres malheureux et misérables souffraient et mouraient en butte à d'incessantes persécutions.

Sans doute, comme tout Français d'une culture moyenne, je savais, j'avais entendu dire, peut-

Le général Mahmoud Moukhtar pacha.

Mosquée de Kabatchakoj incendiée par les Bulgares.

Hôpital de campagne à Ermenikoj.

être même avais-je lu, que là-bas les populations de ces pays n'étaient pas traitées par leurs maîtres ottomans avec une humanité excessive. Etais-je en cela plus ou moins ignorant que bien des gens? Toujours est-il que, malgré les efforts de nombreux écrivains, hommes de mérite et de savoir, voyageurs, journalistes, longtemps demeurés en ces pays de souffrance, j'ignorais, à peu de choses près, tout ce qui s'y passait.

Je ne puis encore dire maintenant « je vois », mais à tout le moins « j'entends ». Et ce que j'entends est à donner à chacun un frisson de terreur et à révolter la conscience de tout homme de cœur.

Le Turc campe en Europe depuis cinq siècles bientôt et, sans être taxé d'exagération, l'on peut bien dire que ces cinq cents années sont des années de misères et de larmes sanglantes pour celui que sa foi chrétienne séparait du trop facile Islam. L'on se croit en proie à un affreux cauchemar en écoutant d'épouvantables détails que volontiers l'on attribuerait à une antiquité cruelle et sauvage et qui, cependant, sont des réalités d'hier, d'aujourd'hui, de demain peut-être si, définitivement, l'Osmanli n'est point chassé de l'Europe.

L'officier d'artillerie qui fait route avec moi me raconte qu'étant enfant, en 1877, à Stara-Zagora, sa mère fut tuée sous ses yeux, son père empalé, au moment où les Turcs, la rage dans le cœur, étaient contraints de se replier au sud des Balkans devant l'offensive victorieuse des Russes. Quant à lui-même, il ne dut que par miracle échapper à la balle qui lui était destinée.

Sur les champs de bataille récents que nous parcourons en ce moment, la soif de massacres et de meurtres des Turcs ne paraît point s'être encore assez assouvie. L'on me raconte, en particulier, l'histoire d'un médecin qui, à la fin d'une action, soignait les blessés sur le terrain même du combat. Quelques Turcs le rencontrent, le tuent au mépris du brassard à croix rouge qu'il portait; le décapitent et le mutilent.

Au village d'Ahivali, près de Lüle-Bourgas, les Bulgares, en entrant dans la localité, ont trouvé, nous dit-on, la population presque entièrement décimée, les cadavres entassés en monceaux devant l'église, des femmes enceintes éventrées et, couronnant le tout, le corps du pope affreusement mutilé et décapité.

On ne peut même pas suspecter d'exagération les auteurs de ces terribles récits. Tout cela, ce sont des choses vues par des centaines de témoins oculaires. Des photographies en ont même été prises. Tous les témoignages concordent. Au surplus, je ne m'en étonne même pas. Il est à croire que le massacre, la mutilation soient une formule de l'Islam et quels sont ceux de mes camarades qui ne se rappellent au Maroc les cadavres ensanglantés du lieutenant Ricard et de ses chasseurs, le sort atroce du lieutenant Esperaber, tombé vivant aux mains des Berbères, ou, plus anciennement encore, la barbarie des tribus arabes que Camille Rousset dépeint si fortement dans son livre sur la conquête de l'Algérie.

Seulement, je puis bien le dire, une impression de dégoût me prend, non pas tant peut-être pour cet adversaire sauvage qui considère en somme le massacre comme une sorte de rite coranique, que pour la vieille Europe qui permet sur son sol de pareilles monstruosités. Les contrastes sont faciles à établir... et tout en cheminant, je me rappelle l'affolement financier à la Bourse, lorsque je quittais Paris, la difficulté déjà grande de trouver de l'or dans la capitale, les précautions que chacun estimait devoir prendre en vue de complications hypothétiques. La préoccupation du souci matériel et de l'argent réglant tous les appétits à sa mesure!

Maintenant que je suis isolé très loin, que je n'ai pu lire un journal plus récent que ceux que j'achetais à Sofia le 20 octobre, que j'ignore si l'Europe est sage ou si elle brûle, je me prends à souhaiter, dans cette Turquie lointaine, que foulent les armées slaves, qu'une pas trop grande lâcheté ne préside au jeu diplomatique qui, sans doute, s'ouvrira à l'issue de la guerre. Dans ces conférences, d'un soi-disant concert européen, qui se réunira à ce moment, peut-on espérer que quelqu'un se lèvera pour dire enfin qu'il y a eu assez de sang versé en Macédoine et que, désormais, le Croissant, image de mort, ne devra plus y être le maître, ni le bourreau de tout un peuple.

Beau rôle glorieux que tenait jadis au-dessus de toutes les nations, notre Patrie... la France! Mais c'est encore ici une vaine espérance de songer qu'au xxe siècle un mouvement pareil à celui qui, au moyen âge faisait descendre en torrent la chrétienté en armes vers les tombeaux de Palestine, est seulement chose possible! Non seulement cela... mais bien d'autres choses ont passé depuis... et le culte de l'or a remplacé avec plus d'intérêt chez les nations de l'Occident le souci du sang versé dans les plaines de Thrace. Aussi bien celui-ci n'ajoute-t-il pas une once de pitié à la pitié stérile des peuples élégants et raffinés qui préfèrent s'abandonner à des pensées moins graves et moins lourdes. Cependant « Les dieux ont soif encore! » pourrait-on dire!...

Mais ici, où l'on a perdu un frère, une mère, un ami tués par la rage de meurtre qui, périodiquement, comme un spasme continuel, s'empare de l'Osmanli, l'on ne s'est soucié que d'une chose : ...le vaincre et le chasser pour être enfin libéré de son joug mortel. Et voici pourquoi nous assistons à ce réveil formidable et puissant d'une jeune chrétienté qui, demain, l'épée à la main, frappera aux portes de Constantinople pour rétablir la croix à Sainte-Sophie.

Chemin faisant, nous arrivons au village de Seliolou où un guide obligeant nous conduit sur le théâtre des premiers exploits de l'armée du général Koutintchef, la Ire armée; je dois avouer que ce champ de bataille abandonné, le premier que réellement j'ai pu parcourir, m'a laissé une impression profonde, inoubliable. Le nom de l'ensemble des combats qui se livrèrent par ici est imprécis. Pour les situer avec assez d'exactitude dans l'ensemble des opérations, l'on peut dire qu'ils appartiennent à la prise de contact générale commencée sur tout le front vers le 22 octobre, entre les armées bulgares prenant résolument l'offensive vers le sud et les premiers éléments mobilisés des Turcs, qui devaient comprendre environ de quatre à cinq corps d'armée.

La résistance a d'ailleurs été plus sérieuse que ce que l'on aurait pu croire, ce qui, d'ailleurs, ne fait en somme qu'augmenter le mérite des Bulgares d'en avoir ainsi rapidement triomphé.

Les premières troupes de la Ire armée venaient de franchir la frontière ayant reçu comme direction générale Lüle-Bourgas, c'est-à-dire un objectif droit au sud. Cette orientation devait donc l'amener à attaquer, en plein centre ennemi, entre Kirk-Kilissé et Andrinople, les troupes turques stationnées entre ces deux places.

Arrivée à Vajsal, l'avant-garde bulgare qui était composée du Ier régiment d'infanterie, se heurta le 20 octobre à un premier bataillon turc qui se replia sur Tatarlar où deux autres bataillons, probablement du même régiment, se tenaient en observation. En même temps, l'on était prévenu à l'état-major du général Koutintchef que des fractions ennemies importantes, venant du sud, se rapprochaient et semblaient avoir pris position vers Seliolou.

Après quelques engagements sans grande importance, dans les journées du 20 et du 21 octobre, pendant lesquels la division de cavalerie du général Nazlimof, opérant en liaison avec l'avant-garde de la 1re division (Ire armée), joua le rôle principal, les Bulgares se trouvaient, le soir du 21, ayant atteint les environs de Seïjmen, tandis que les Turcs, ayant reçu des renforts arrivés vraisemblablement de Constantinople, s'étaient établis de part et d'autre de la Golema et de la Riselija.

En raison de leur supériorité numérique momentanée, les Turcs, voyant les Bulgares immobiles devant eux, passèrent à l'offensive et s'engagèrent très vigoureusement contre les quatre bataillons du 1er régiment d'infanterie. Celui-ci maintint héroïquement sa position à hauteur du village même de Seliolou pendant toute la journée du 22 octobre. Il subit d'ailleurs des pertes importantes, laissant entre autres son lieutenant-colonel et plusieurs officiers sur le terrain. Ces pertes ont été particulièrement sensibles aux Bulgares en raison même de la composition toute spéciale du 1er régiment qui, tenant garnison à Sofia, compte dans ses rangs un nombre élevé de jeunes gens appartenant aux meilleures familles du royaume.

J'ai parcouru le plateau entre la Riselija et la Golema, j'ai relevé minutieusement le long des profondes tranchées des Bulgares les traces encore nombreuses de la lutte acharnée qui s'y est livrée et je ne peux que constater, une fois de plus, la bravoure et la science militaire de ceux qui combattent ici. Ce n'étaient partout que traces d'obus profondément entaillées dans le sol, culots de projectiles répandus sur la terre, douilles de cartouches et débris lamentablement déchirés qui permettaient de se rendre compte de l'âpreté du combat.

Les quatre bataillons de l'avant-garde bulgare tinrent là jusqu'à la nuit et lorsqu'enfin renforcés, vers 9 heures du soir, par le 6e régiment qui formait brigade avec le 1er, ils semblaient pouvoir compter sur une nuit exempte d'inquiétude, prêts à pousser de l'avant le lendemain, un ordre arriva de reprendre immédiatement l'offensive et d'enlever de nuit la position turque.

Ce qui avait été prescrit s'exécuta immédiatement, sous une pluie battante, qui, plus encore peut-être que l'averse continue des balles, était susceptible d'amollir les courages et d'arrêter le plus furieux élan.

Les débris ennemis refluèrent sur Kirk-Kilissé et Kavakli et aussi vers le sud dans la direction de Baba-Eski.

Nous abandonnons à regret les plateaux ondulés de Seliolou et, lorsque le jour tombe, nous arrivons à Gerdeli, gros bourg établi sur les deux rives du ruisseau d'Akardji. Les Bulgares y ont établi un gîte d'étapes important, qui semble même être le relai principal des convois entre Kirk-Kilissé et l'armée de siège d'Andrinople. Le commandant d'étapes de Gerdeli veut nous donner un billet de logement, lorsque nous lui sommes presque arrachés de force par des médecins de l'ambulance établie ici et qui se disputent le plaisir de recevoir des journalistes français. Tant d'amabilité due non pas à nos personnes parfaitement inconnues mais à notre nationalité, éveillant d'aussi bons sentiments chez nos hôtes, est l'évidente preuve, chaque fois que nous la rencontrons, de l'excellente influence acquise en Bulgarie par notre pays. Dès que quelqu'un annonce : « Voici des Français! » c'est un large et franc sourire qui illumine les visages et toujours une main loyalement tendue qui serre les nôtres. Ceci est d'autant plus à noter que je ne crois pas faire injure aux Bulgares en disant qu'ils sont terriblement méfiants et renfermés.... Seul peut-être l'appel du nom français rendait les visages moins préoccupés, la redoutable suspicion qu'ils exerçaient à l'égard des étrangers moins sévère, l'accueil toujours cordial cependant plus bienveillant encore.

Comme leurs aînés les Russes, les Slaves des pays balkaniques s'abandonnent volontiers à l'emprise de notre influence. Je les comparerais volontiers à un homme d'une nature un peu fruste, un peu rude, qui se trouve soumis soudainement à une éducation plus affinée, dirigée par une intelligence plus vive, plus ferme et qui se laisse insensiblement aller au charme d'une pareille méthode. C'est bien aussi un peu de reconnaissance que nous lisons dans les yeux de ceux qui nous abordent. La garderont-ils toujours? Cela dépend sans doute un peu de nous, car notre œuvre n'est pas finie en Orient, mais aussi d'eux-mêmes. A peine nés à la vie des nations, dans ces jours historiques que nous vivons, ils devront se rappeler que, si leur victoire est faite beaucoup de leurs propres efforts, elle l'est aussi de ceux des nations qui, de tout leur pouvoir, leur ont montré la route à suivre et mis en main les moyens matériels de vaincre.

CHAPITRE V

KIRK-KILISSÉ

L'arrivée à Kirk-Kilissé. — Premiers récits. — Les trois journées de la bataille. — Les prises bulgares. — L'histoire de la déroute sur la route de Lozengrad à Jana.

Kirk-Kilissé, lundi, 4 novembre.

C'est sous un soleil radieux, presque trop chaud même, que nous atteignons la ville aux quatorze églises (Kirk-Kilissé) qui, d'ailleurs, nous paraît ne pas mériter ce nom, tandis que celui que lui donnent les Bulgares, Lozengrad, la ville des vignes, est beaucoup plus justifié, car tous les alentours en sont couverts.

En quittant Gerdeli, notre petite caravane piqua droit sur Jenitzé, où nous étions adressés au médecin chef d'un des hôpitaux de campagne de réserve de la 1re division qui s'y trouvent stationnés, le docteur Sarafof, frère du général commandant la 3e division.

Quand nous arrivâmes, une surprise et aussi une émotion nous y était réservée. Quatre-vingts blessés bulgares, évacués des combats récents qui viennent de se livrer et qui se livrent encore peut-être vers Lüle-Bourgas, arrivaient au gîte d'étape de Jenitzé. Le premier soin du service médical était de les soumettre à une visite sanitaire et d'en profiter pour renouveler leurs pansements. L'héroïque patience de ces braves gens me sembla la plus belle chose qui soit, la plus réconfortante aussi. Hélas! la guerre n'a pas que ses côtés glorieux et grandioses. Elle apporte avec elle l'inévitable cortège de misères et de douleurs qu'il faut avoir approché de près pour en mieux ressentir la redoutable réalité. La mort apparaît partout, sous toutes les formes, sur le champ de bataille; mais, même en arrière des lignes de feu, elle n'abandonne point sa proie et si ce n'est elle qui accompagne l'homme bien loin en arrière des tranchées où l'on se bat, du moins sa compagne la souffrance lui fait-elle une large concurrence, semant les routes et les champs de malheureux au visage grimaçant, aux traits tirés, aux yeux de fièvre. Et lorsque l'on sait toutes ces choses, que l'on voit la scie froide du chirurgien crier sur les os, les pinces des médecins s'enfoncer dans les chairs et qu'au milieu de tout cela les visages des soldats bulgares, calmes et résignés, apparaissent plus impassibles encore, l'on ne sait plus s'il faut admirer davantage, ou plaindre de pareils héros.

Le docteur Sarafof, qui dirige l'ensemble des opérations chirurgicales auxquelles nous assistons, nous explique que la plupart des blessures dues au fusil ottoman sont relativement humanitaires, c'est-à-dire qu'elles ne produisent pas cet épouvantable déchirement des os et des tissus, semblable à un éclatement, que l'on a pu constater avec certaines balles récemment adoptées dans les armées européennes. Cette constatation a un côté intéressant pour nous, car le fusil Mauser des Turcs est la copie exacte de celui des régiments allemands et les munitions constituées par la cartouche à balle S sont les mêmes.

L'on avait également prétendu, antérieurement au début de la guerre, que tout était à reprendre dans l'organisation et le fonctionnement du service sanitaire bulgare. Présentée sous ce jour, la question est certainement mal appréciée. Peut-être la discipline sanitaire n'est-elle pas suffisamment observée, de même que le mode d'évacuation des blessés peut-il prêter à un certain nombre de critiques, mais en tout cas la compétence du personnel ne me paraît pas faire de doute. Ainsi que je l'ai déjà dit, la très grosse majorité des médecins bulgares ont fait leurs études en France et, en particulier, à Paris et à Montpellier. Plusieurs sont des élèves de Doyen, de Potain et d'autres grands noms de la chirurgie et de la médecine françaises. Je dois dire aussi que le corps médical bulgare est véritablement notre providence. Chaque fois que l'un de ses membres est en mesure de nous rendre quelque service, il s'en acquitte avec un empressement si aimable que l'on a quelque confusion à accepter ainsi toujours, sans jamais pouvoir rendre.

A Kirk-Kilissé, je suis reçu par le colonel d'état-major Dermantchof, qui remplit les importantes fonctions de commandant de la tête d'étapes de route, que l'on a installée ici. Sa responsabilité est écrasante et les soucis qui lui incombent sont constants, ne lui laissant jamais une minute de répit.

Nous touchons là du doigt, en effet, la difficulté la plus grave que les armées bulgares aient eu à résoudre jusqu'à présent. Que l'on se représente l'éloignement des voies ferrées, distantes de plus de 120 kilomètres, l'état déplorable des voies de

Blessés de la bataille de Tchataldja à Sinekli.

Train de blessés à Sinekli.

Blessés de Tchataldja à Sinekli.

Infirmière de la Croix-Rouge et blessé à Sinekli.

communication, leur absence complète en certains cas même, le faible rendement des chariots de réquisition et l'on comprendra aisément les difficultés presque insurmontables que l'on rencontre pour apporter à des centaines de mille hommes les vivres qui leur sont nécessaires, les munitions dont le ravitaillement doit être incessant, les objets de toute nature qui leur sont indispensables. Tous ces besoins sont satisfaits par une sorte de courant d'exportation issu du sol national et descendant aux armées en campagne. A ce courant vers l'avant, ajoutons le courant vers l'arrière des évacuations de malades et de blessés, les déchets de tout genre que laissent derrière elles les troupes en mouvement et l'on aura ainsi une faible idée des efforts gigantesques qu'il faut au service des étapes bulgares pour triompher de la route, de la boue et du temps.

J'ai passé toute l'après-midi, jusqu'à la fin de la journée, à visiter le champ de bataille aussi complètement que possible, du moins dans la région qui entoure d'une façon assez immédiate la ville, près de sa partie la plus occidentale.

C'est partout la trace indiscutable, marquée

dans les champs, sur les pistes, par des canons et des caissons abandonnés, d'un désarroi, d'un effondrement sans pareils de la part des Turcs.

L'ensemble des détails, le rapport verbal de plusieurs témoins oculaires me permet, en attendant des explications que j'espère plus amples, de donner une idée générale de l'opération qui amena la prise de la ville. C'est la IIIe armée bulgare, l'armée du général Radko-Dimitrief, l'homme le plus célèbre des Balkans à l'heure actuelle et peut-être de l'Europe même, qui a accompli cet exploit. Partie de la zone située au sud de Jambol, où elle s'était concentrée, cette armée franchit la frontière turque le 21 octobre et, par Erikléré et Eski-Polos, descendit sur Lozengrad. La résistance la plus vive eut lieu dans la zone montagneuse du Demir-Kapou et de Karatraja, et aussi autour des villages de Petra et d'Eski-Polos. Cette région n'est que rochers découpés et à pics, entremêlés de ravins encaissés où la lutte pied à pied, même en nombre inégal, est extrêmement aisée. Les Bulgares se sont joués de toutes ces difficultés et, en trois jours, ont rejeté les éléments du IIIe corps ottoman de Mahmoud-Mouktar-Pacha sur la place de Kirk-Kilissé, que les Turcs abandonnèrent aussitôt, pris de panique.

Nous dînons gaiement au casino des officiers turcs qui, ainsi qu'à Mustapha-Pacha, a été transformé en mess par les officiers bulgares et nous apprenons de nouveaux renseignements qui expliquent bien des choses. La ville même de Kirk-Kilissé n'est pas, à proprement parler, fortifiée, car elle ne comprend qu'un seul front, celui du nord, pourvu d'ouvrages et appuyé sur deux grands forts à cavaliers qui, à l'est et à l'ouest, forment les points d'appui de la défense. Or, chose étonnante, ces forts qui, jadis, étaient pourvus d'une artillerie considérable et puissante, ne possèdent plus que trois ou quatre pièces de gros calibre. Quelques canons de campagne ont remplacé la grosse artillerie absente. Qu'est donc devenu le matériel lourd de la maison Krupp, qui sommeillait là haut entre les traverses des ouvrages? Je fais abstraction des hypothèses bizarres où l'intervention de certains calculs commerciaux problématiques n'est pas étrangère pour m'en tenir à la version suivante qui m'a été donnée comme la plus vraisemblable : manquant de canons à grande puissance, la Turquie, au moment des tentatives de franchissement des Dardanelles, aurait enlevé une partie des grosses pièces des forts de la frontière de Thrace pour en armer les nouvelles batteries de Gallipoli et de la mer de Marmara.

La conversation se poursuit tard dans la soirée et, grâce à diverses conversations avec un certain nombre d'officiers de l'état-major de la IIIe armée qui sont ici de passage, je parviens à reconstituer d'une façon à peu près complète l'ensemble des opérations des Bulgares autour de Kirk-Kilissé.

L'armée désormais légendaire de général Radko-Dimitrief est composée de trois divisions, la 4e, la 5e et la 6e. Elle s'était concentrée, ainsi que je l'ai déjà dit plus haut, avant la déclaration de guerre, au sud de la voie ferrée de Stara-Zagora à Bourgas, à la hauteur de Jambol et de Straldja. En avant d'elle, le long de la frontière, était étalée, entre Odjaköj et Kaïbilar, la division de cavalerie du général Nazlimof dont les dix-huit escadrons formaient un rideau impénétrable masquant complètement les troupes de la IIIe armée aux Turcs qui ignorèrent jusqu'au moment de leur entrée en ligne l'existence d'une masse d'hommes aussi considérable faisant face à leur droite. Ils l'ignorèrent même si bien que le 3e corps turc, celui de Mahmoud-Mouktar-Pacha, qui était à Kirk-Kilissé, se croyait en mesure de déborder vers l'est les Bulgares et que c'est précisément au cours de ce mouvement qu'il fut à son tour attaqué et enveloppé à droite.

L'intention du commandant bulgare était de marcher sur un large front en un nombre de colonnes aussi considérable que possible et d'envelopper ainsi par les deux ailes les groupements ennemis qui se trouvaient tout autour de la place forte. Ces groupements paraissent être composés des 1er et 3e corps turcs, auquel un certain 16e corps de rédifs (réserve) aurait été adjoint.

Néanmoins la résistance pouvant être considérable, surtout vers le centre où l'armée ennemie s'appuyait à la ligne des ouvrages qui, du fort de Raklitza à celui de Skopos, couvrent Lozengrad au nord, il importait de constituer fortement les colonnes. Cette double condition contraire de l'étendue maxima sur un front élargi et d'un renforcement des colonnes fut réalisée de la façon suivante : quatre colonnes s'avancèrent sur Kirk-Kilissé, balayant une étendue de terrain de presque 25 kilomètres. Les deux colonnes de droite

étaient constituées par la 4ᵉ division; l'une des
colonnes, la plus extérieure, comprenait une brigade, la seconde, les deux autres brigades de la
division. Les deux colonnes de gauche étaient formées par la 5ᵉ division de la même manière et
avec des effectifs identiques à ceux qui avaient été
employés à la 4ᵉ division. Enfin, la 6ᵉ division
suivait en deuxième ligne, derrière les colonnes
du centre et prête, le cas échéant, à appuyer la
première ligne.

Mise en marche dès la déclaration de guerre, la
IIIᵉ armée ne franchit la frontière que le 21, en
raison de sa situation en échelon par rapport au
reste des armées bulgares. Les deux colonnes du
centre s'engagèrent sur les deux rives du Téké-
déré lorsque, dans la matinée du 22, au milieu des
nuées brumeuses qui, mieux qu'une pluie abon-
dante, transperçaient les effets des hommes, elles
se heurtèrent aux lignes avancées du 3ᵉ corps ottoman, en avant d'Eski-Polos et d'Erikléré. Ce fut
alors, au milieu d'une région extrêmement accidentée, rocheuse et déchiquetée, une lutte extrêmement pénible. Il était déjà malaisé aux fantassins d'atteindre les sommets des crêtes, l'on peut
penser à quelles difficultés se heurtèrent les artil-

leurs pour arriver à placer leurs pièces en batterie. Du côté d'Erikléré, la résistance fut particulièrement opiniâtre. On m'a raconté que, sur un des rocs qui avoisinaient une position turque, l'on a trouvé le cadavre d'un officier allemand, lequel a été identifié. Il s'appelait Moritz von Karl. Deux autres officiers allemands seraient également tombés entre les mains des Bulgares et auraient été emmenés, me dit-on, au grand quartier général. Si ces faits ne sont pas controuvés par la suite, tout ceci se passe de commentaires!

L'on m'a dit également, avec une certaine complaisance, bien excusable il est vrai, que la 5ᵉ division, en particulier, montra une exceptionnelle valeur et une énergie indomptable au cours de ces combats acharnés. Pendant toute la journée du 22, de nombreux renforts ottomans ne cessèrent d'accourir de Kirk-Kilissé vers le champ de bataille, mais, définitivement brisée, la résistance turque fut rejetée, dès le soir, sur Kadiköj où l'ennemi s'arrêta et fit tête à nouveau.

La colonne de la 4ᵉ division, sur l'autre rive du Téké-déré, n'avait pas aussi bien réussi et s'était heurtée à une résistance particulièrement énergique à la hauteur du village d'Eski-Polos. L'action y avait été méthodiquement menée et, dès le soir, un mouvement débordant vers la droite avait été amorcé rejetant la gauche des troupes de Mahmoud-Mouktar-Pacha des sources du ruisseau de Dourlau-Bonnar où elle se tenait sur Petra qu'elle occupa fortement à la nuit.

Le général Dimitrief vint s'établir de sa personne à Karamtza avec son état-major, de façon à se trouver en mesure de suivre plus aisément le combat de la 4e division autour d'Eski-Polos. La nuit arrêta la lutte et les troupes bivouaquèrent à quelques centaines de mètres les unes des autres, tandis que la pluie faisait rage, inondant toute la campagne, emplissant d'eau les tranchées où les troupes étaient couchées au milieu d'une boue glaciale.

Dès 6 heures du matin cependant, le combat reprit opiniâtre et violent. Il m'est difficile d'entrer dans tous les détails qui m'ont été donnés, mais il en résulte qu'un acharnement inouï régnait dans les deux camps. Le soir du 23, malgré leurs efforts, la progression des Bulgares avait été terriblement ralentie. Ils avaient réussi cependant à chasser les Turcs d'Eski-Polos, mais ceux-ci n'étaient pas allés très loin et occupaient fortement encore Petra et les rochers de Karakaja. La situation restait encore incertaine. Aux deux ailes tout allait bien pourtant : la colonne d'extrême droite avait combattu, vers Keremetlija, en liaison à peu près continuelle avec la Ire armée, dont j'ai déjà raconté l'engagement à Seliolou, le même jour. Cette colonne avait progressé vers le sud et se trouvait en mesure de déborder la gauche turque. Il se produisit d'ailleurs devant elle un vide absolu et qui aurait pu rester inexpliqué si l'on n'avait su, dans la suite, que la division turque qui lui faisait face et qui appartenait au Ier corps avait été prise de panique et avait fui à l'aventure, malgré les efforts de son chef, le prince Aziz.

La colonne d'extrême gauche de la 5e division, qui n'avait pas combattu le 22, retardée par la pluie et le mauvais état des chemins, avait poussé, le 23, d'Almadjik par Kadiköj sur Akmatcha, où elle dut s'arrêter face à des fantassins turcs qui occupaient ce village.

Cependant, tandis que la pluie augmentait de violence et qu'une véritable tornade enveloppait les combattants, au centre, vers Karakaja, et à l'extrême droite, sur Akmatcha et sur Karaköj, diverses fractions de la 5e division tentèrent des attaques de nuit à la baïonnette sur les positions turques. Toutes réussirent également bien, mais il était impossible de pousser davantage sous le véritable déluge qui tombait et au milieu de l'obscurité qui enveloppait tout le champ de bataille. Il était 9 heures du soir quand le feu cessa. Les avant-postes de combat des troupes bulgares, postés dans les tranchées au milieu de l'eau qui tombait à torrents, veillaient activement, le doigt sur la détente, s'attendant à chaque instant à un retour offensif de l'ennemi.

Mais rien ne vint et l'aube parut, montrant les positions turques abandonnées et à tout jamais silencieuses en avant de la ville endormie et muette. Une reconnaissance d'officier fut lancée afin de se rendre compte si la ville était occupée par l'ennemi. Cette reconnaissance parvint aux premières maisons où elle rencontra un groupe d'habitants qui venaient avec des fleurs au-devant des troupes victorieuses. Pendant la nuit, les forces de Mahmoud-Mouktar-Pacha s'étaient évanouies, s'enfuyant vers le sud.

Elles avaient abandonné un matériel de toute sorte et une bonne partie des prises ainsi faite fut d'une utilité très grande aux Bulgares. Je citerai notamment plusieurs milliers de collections d'effets de toute nature et, en particulier, des capotes en drap gris fer en excellent état, ou même toutes neuves, qui ont permis ici de vêtir l'opoltchénié jusqu'à présent sans uniforme.

Il se trouve une surabondance extraordinaire de produits « made in Germany » qui prouve que non seulement les fabriques d'Essen ou de Carlsruhe, mais bien d'autres encore, trouvaient preneurs en Turquie.

D'après l'évaluation globale qui a déjà été faite, l'on croit que le montant du matériel capturé s'élève à plus de 10 millions de francs. Les objets les plus hétéroclites s'y rencontrent; je cite au hasard : environ pour 18.000 francs de pyramidon, « de quoi, dit Ségonzac, enlever ou même « donner la migraine à plusieurs corps d'armée ». Nous ne savions pas, en effet, le soldat ottoman si sujet aux maux de tête! Mais aussi quel excellent placement pour la « firme » germanique qui fabrique cette coûteuse denrée. Dans le cercle des officiers, l'on nous montre tout un jeu complet de grandes cartes au 1/10.000° des environs de Metz. C'est l'ensemble des cartes de Kriegspiel de la garnison et, comme elles sont toutes neuves, j'en conclus rapidement qu'elles n'ont jamais servi. Dans la maison du commandant de la place, l'on a trouvé un stock important de confitures, de bonbons et autres « delicatessen » qui ne paraissent guère devoir constituer normalement l'alimentation d'un véritable homme de guerre.

Ici, comme ailleurs, tout l'élément turc a fui. Seuls restent les chrétiens, bulgares ou grecs pour la plupart. Ce sont des commerçants, des placiers en vin, en particulier, comme nos hôtes, riches marchands hellènes, dont les foudres monstrueux bien alignés dans leur cave me rappellent certaines visions pareilles de Mannheim ou de Heidelberg. La ville en elle-même est assez peu intéressante : divisée en deux parties, c'est l'éternel bazar demi-Orient, demi-Europe où se coudoient dans des rues étroites et sales des soldats, des marchands et aussi d'héroïques blessés, à la figure un peu pâlie, aux yeux fiévreux, qui viennent se faire soigner au lazaret important que l'on a constitué à Lozengrad.

Notre grande préoccupation est de savoir quel est le résultat de la bataille que l'on nous a dit

s'être engagée entre Lüle-Bourgas et Bounarhissar. Elle doit être finie, puisque la canonnade ne
s'entend pas d'ici où nous ne devons pas être éloi-
gnés de plus de trente kilomètres du second de ces
points. Il y a même quelque chose d'anormal dans
le mutisme dont nos hôtes paraissent frappés lorsque nous abordons cette question. Ils ne savent
rien... et dans le fait... il n'est pas impossible, en
effet, qu'ils ne sachent rien. Le commandement
bulgare me paraît de plus en plus s'inspirer des
méthodes qui furent si en honneur chez les Japo-
nais. Ne rien dire, absolument rien, même pas
aux échelons inférieurs, ni aux exécutants. Il reste
à savoir si au demeurant cette méthode n'est pas
compensée par des inconvénients qui en détrui-
sent peut-être les avantages. En tout cas, elle est
essentiellement contraire à la mentalité française.
Lequel a tort? Lequel a raison?... Ne rien dire
empêche-t-il en définitive que tout ne se révèle,
malgré les efforts faits pour tout céler? Je ne le
crois pas. Et, d'un autre côté, avec une race fine
et intelligente comme la nôtre, n'y aurait-il pas
un grave inconvénient à laisser non seulement
nos officiers des corps, mais même nos soldats,
dans l'ignorance absolue de ce qui se passe? Poser

la question, c'est la résoudre. Que chacun agisse avec son tempérament propre!

Nous rentrons tard ce soir et, après les copieuses libations du cercle, il nous faut encore trinquer avec nos hôtes de ce soir, les marchands de vin hellènes. Je m'enfuis, la tête pleine de nuages, auxquels le cru de Lozengrad, petit vin blanc fort traître, comparable à nos vins de Saumur et d'Anjou, n'était certes pas étranger.

Jana, mardi, 5 novembre.

Nous voici enfin au quartier général de la IIIe armée, auprès du héros bulgare, le général Radko-Dimitrief. Nous n'avons pas encore vu le général car c'est demain seulement que nous serons admis à lui présenter nos devoirs.

Le départ de Kirk-Kilissé n'a pas été sans mal, car les moyens de transport pour nos bagages ont failli un moment nous faire complètement défaut. Grâce à l'amabilité du directeur des étapes, le colonel Dermantschof, nous obtenons l'autorisation d'utiliser la voiture postale qui transporte un important courrier à destination de la IIIe armée.

Nous apprenons ainsi l'emplacement exact de son quartier général, que nous ignorions encore et que la veille même l'on n'avait pas voulu nous révéler. C'est à Jana, à 28 kilomètres environ de Kirk-Kilissé.

Ceci me donne à penser que la bataille qui vient de se livrer du côté de Bounarhissar est à peine terminée, puisque le quartier général de la IIIᵉ armée est encore en deçà de ce point. Le résultat de cette bataille n'a pu qu'être favorable aux Bulgares, puisqu'il n'y a aucun signe d'un mouvement de retrait en arrière. Mais il me semble toujours étrange qu'on ne nous en dise rien. Il n'est pas cependant de secret si bien gardé qui se sache et avant de partir nous apprenons qu'une lutte terrible de près de six jours vient seulement de s'achever, que les Turcs rompus se sont retirés en désordre sur les lignes de Tchataldja qui couvrent leur capitale et que les armées bulgares, après quelques jours de repos, les poursuivent sur le chemin de Stamboul.

Nous partons après déjeuner au trot des petits chevaux bulgares de la voiture postale et, nous dirigeant vers le sud-est, nous nous engageons sur la chaussée désormais historique qui va de Lozengrad à Bounarhissar.

Mieux qu'aucune description, la route elle-même dépeint en caractères manifestes ce que fut la déroute ottomane.

Les vingt-cinq kilomètres qui séparent Kirk-Kilissé, des pentes montant vers Jana, sont jalonnés d'une façon ininterrompue de matériel de guerre abandonné. Dans tous les champs, dans chaque repli des sillons, le long des fossés des chemins, ce ne sont que cartouches, douilles encore pleines, gargousses non tirées, obus de toutes sortes. Ah! le matériel Krupp n'a pas pesé lourd cette nuit du 23 au 24 octobre et j'avoue n'avoir pas été sans ressentir quelque joie au cœur en lisant à chaque pas sur les caissons renversés, sur les caisses de munitions éventrées, à la culasse des canons enlisés, l'éternelle « firme » « Friedrich Krupp — Essen », suivie d'un millésime donnant la date de fabrication. Tout ce matériel est, d'ailleurs, d'un modèle extrêmement récent. Les pièces de campagne sont du calibre de 75 $^{m}/_{m}$, mais elles sont l'exacte reproduction du canon de 77 $^{m}/_{m}$ des régiments de campagne allemands, avec frein et récupérateur à ressorts, hausse indépendante et boucliers.

Les projectiles de ce canon sont de deux sortes, l'un peint en rouge, qui est le shrapnel à balles

En Bulgarie. — Départ de volontaires.

A Sofia. — Une place publique.

En Bulgarie. — Le peuple devant les affiches donnant
les résultats de la guerre.

ordinaires, l'autre peint en jaune, est l'obus brisant, rempli d'environ 800 grammes d'un explosif qui doit être sans doute le Granatfüllung ou quelque chose d'approchant. Obus jaunes, obus rouges, tout cela non encore tiré forme des amoncellements gigantesques. Toute évaluation est d'ailleurs impossible. Les Bulgares commencent seulement à réunir tout ce matériel qui pourra leur servir dans la suite à armer plusieurs groupes de batteries de campagne, pour lesquelles je puis certifier d'ores et déjà que les munitions ne manqueront guère.

Les fusils ont été déjà ramassés et c'est par milliers aussi que nous les voyons entassés dans les villages, le long de la route, avec les caisses de cartouches.

Cette déroute a dû être une chose effroyable : le long de cette route que je suivais ce soir, ce devait être pendant cette nuit néfaste un torrent, une cohue d'hommes affolés, jetant armes et équipements pour courir et se sauver plus vite encore. Il pleuvait, la boue, l'horrible boue des routes turques devait paralyser l'effort des meilleurs attelages et c'est pourquoi nous voyons toutes les pièces, tous les caissons abandonnés, non pas dans la position de batterie, face à l'ennemi, mais enlisés dans de profondes ornières, au milieu des chemins ou des champs, semblant encore s'enfuir vers le sud, leurs traits coupés pendant encore à terre.

Dans cette foule apeurée, tremblante, qui roulait inconsciente et folle sur la chaussée de Bounarhissar, toute ombre semblait suspecte, tout cri, toute voix ajoutait la méprise à la crainte et augmentait encore la confusion. Au milieu de l'obscurité profonde que la terreur contribuait à rendre plus noire, des coups de feu ont été échangés entre les fuyards. A ce moment, il n'y avait plus rien! ni fanatisme farouche des combattants de Plevna, ni passivité héroïque des soldats de Tripolitaine, ni foi dans l'Islam, ni confiance dans l'orgueilleuse suprématie de l'Osmanli sur le chrétien! Plus rien! C'était la peur, la déroute que les canons allemands enlisés dans la boue jusqu'aux essieux nous montraient lamentable et sinistre. Chacun a songé à sa propre existence pendant ces heures fatales et le fanatisme oriental de ceux que l'on avait comptés un moment parmi les plus braves soldats du monde n'est plus devenu, cette nuit-là, qu'une angoisse horrible d'être tué, qu'une peur atroce de la mort devant laquelle tous ces hommes s'enfuyaient comme des enfants, après lui avoir fait face bravement cependant, plusieurs jours entiers.

Qui dira ces heures-là ? Qui les a vécues ? Quelle terreur ont-elles dû être pour en laisser, dix jours après, des traces aussi vivantes sur le sol ?

Et chemin faisant, l'on nous raconte encore que Mahmoud-Mouktar-Pacha malgré sa vaillance a dû se sauver tête nue, que des officiers turcs faisaient le coup de poing avec leurs hommes dans la gare de Kirk-Kilissé pour s'emparer des places dans les wagons d'un train qu'ils firent partir de force sur Baba-Eski; ils ne tinrent pas compte des objurgations des employés de la voie ferrée qui leur disaient qu'un autre train remontait à ce moment vers la place avec du matériel de guerre et qu'un accident allait sans aucun doute se produire. Les deux trains se rencontrèrent en effet près de Kavakli, obstruant la voie ferrée de leurs débris et rendant impossible toute évacuation ultérieure par chemin de fer.

En entendant ces récits, nous nous regardons, nous demandant ce que veut dire cet écroulement

fantastique de la puissance ottomane, de son armée jadis si brave et si réputée; et à tous les quatre la même réflexion nous vient alors à l'esprit:
1908 !... la révolution jeune turque !... le mouvement libéral !... les clubs où les officiers
jouaient des rôles importants !... une armée livrée à la politique et à des dissensions intes-
tines !... voilà les éléments de la désorganisation,
les prodromes de la défaite, les symptômes de la
disparition du croissant de la terre d'Europe !

Car ici l'intention est nette et nos hôtes de ce
soir ne nous laissent aucun doute à ce sujet: « La
« présence du régime ottoman en Europe est
« chose désormais impossible, disent-ils, et si,
« dans un lointain Occident, l'égoïsme prover-
« bial des grandes puissances s'imagine que la
« question peut être réglée différemment, qu'il
« vienne entendre les cris de victoire, le frémis-
« sement de tous ceux qui combattent sous nos
« étendards, qu'il assiste aux funérailles de ceux
« qui joyeusement offrent leur vie à la Patrie et
« qui meurent pour Elle ! Alors il comprendra
« qu'un deuxième traité de Berlin est désormais
« chose impossible et que la paix même de San
« Stefano ne suffirait plus. »

CHAPITRE VI

LE KARAAGATCH

Le général Radko-Dimitrief. — Étape à Bounarhissar. — Le champ de bataille du Karaagatch. — Viza. — La conférence du colonel Asmanof.

Bounarhissar, mercredi, 6 novembre.

Notre hôte ce matin, qui n'est autre que le commandant du gîte d'étapes constitué à Jana, nous conduit aux bureaux du quartier général de la IIIe armée. Après quelques minutes d'attente nous sommes reçus par le chef d'état-major, le colonel Jostof. J'avais pour lui un mot de recommandation de son frère, le capitaine Jostof, qui était notre camarade de promotion d'École de guerre à Bernard et à moi. Aussi nous fûmes particulièrement bien accueillis. Le colonel tint à nous conduire lui-même à la maison qu'habitait le général Dimitrief.

J'avoue très volontiers que le cœur me battait un peu lorsque nous fûmes introduits auprès du chef de la IIIe armée, tant il est vrai que, pour un soldat, l'attirance et le respect d'un vainqueur sont chose entraînante. Le général est de taille plutôt moyenne, presque petit; il a une figure extrêmement fine et distinguée, le haut du visage découvert et une mèche de cheveux qui rappelle un peu celle que l'histoire attribue à Napoléon. D'ailleurs illusion, imagination ou vérité, le visage un peu bistré a quelque chose de napoléonien. Cette caractéristique pour étrange qu'elle puisse paraître n'en est pas moins réelle et mes amis la ressentent comme moi.

Le général a paru visiblement touché de voir venir jusqu'à lui des officiers français et sa première parole a été un souvenir ému adressé non seulement à notre pays mais aussi à notre armée. L'entretien assez long qu'il a bien voulu nous accorder a été empreint de la cordialité la plus franche et d'une bienveillance toute particulière.

En quelques termes précis, il nous a exposé la situation actuelle de son armée et ses intentions ultérieures. C'est la première fois que l'on nous parle à cœur ouvert et franchement de ce que l'on fait et de ce qui se passe. Nous en ressentons une joie singulière et nous buvons littéralement les paroles du général Dimitrief. Par respect pour sa personne, nous n'osons pas tirer nos carnets de notes, mais tous nous appliquons notre mémoire à retenir précieusement ce qui nous est dit.

Après Kirk-Kilissé, la masse principale bulgare conversant vers le sud-est se trouva aux prises à droite vers Lüle-Bourgas et à gauche vers Bounarhissar avec les forces turques. Celles-ci étaient évaluées à plus de 150.000 hommes, disait-on, sous le commandement d'Abdullah-Pacha. Il est vrai qu'une partie de ces éléments provenaient des troupes qui avaient fui si précipitamment de Kirk-Kilissé et que hâtivement l'on s'était employé à reconstituer.

Néanmoins, comme s'ils eussent été soucieux de rétablir leur ancienne réputation et comme si la situation critique de l'empire eût été pour eux un stimulant nouveau, les soldats ottomans se portèrent résolument en avant. Du côté de Lüle-Bourgas ils se heurtèrent à la 1re armée, du côté de Bounarhissar ils rencontrèrent les avant-gardes de la IIIe armée.

« La lutte fut âpre et dure, nous dit le général « Dimitrief, et longtemps la 5e division bulgare « sous les ordres du général Christof, ne put que

« tenir l'ennemi en respect sans parvenir à pro-
« gresser. »

Ces combats homériques commencèrent le 28 octobre et se poursuivirent jusqu'au 2 novembre, permettant à la IIIe armée de pousser jusqu'à Viza, et à la Ire de refouler l'ennemi de Lüle-Bourgas sur Tchorlou.

L'armée turque définitivement écrasée bat à l'heure actuelle en retraite sur Constantinople. Ses derniers renforts doivent débarquer en ce moment et vont venir rejoindre les débris que poussent devant elles les avant-gardes bulgares. Il n'est pas douteux que les armées du Sultan vont tenter une dernière et ultime résistance à Tchataldja. Cette bataille décidera en définitive de l'issue de la guerre. L'on peut penser, il est vrai, que le vieux combattant de Plevna, l'obstiné défenseur des tranchées turques de 1877, se retrouvera demain en ces jours de novembre 1912 où l'armée chrétienne donnera l'assaut suprême du dernier rempart musulman en Europe.

« Cependant espérons, ajoute en terminant le
« général Dimitrief, que le succès couronnera nos
« efforts et que bientôt, Messieurs, vos correspon-
« dances seront datées d'un point très près de

« Tsarigrad (1), si ce n'est des rives mêmes du
« Bosphore. »

Nous quittons le général encore sous l'impression de sa parole d'une exactitude toute militaire
dans les termes employés et d'une précision sans
pareille. La grandeur des résultats obtenus, l'élévation du but qu'il se propose donnent un singulier relief à l'entretien que nous venons d'avoir
avec lui. Malgré nous l'esprit et la réflexion se
reportent à ce duel à jamais historique à l'issue
duquel nous serons conviés à assister aux portes
de Stamboul.

Quel bruit de par le monde tout cela ne doit-il
pas faire ? Dans ce petit coin de Turquie foulé
par les armées bulgares, nous ignorons tout de ce
qui se passe au loin.....

Ce matin, la cavalerie victorieuse est entrée
dans Rodosto. Les Dardanelles vont sans doute
s'ouvrir à tout venant, coupées du reste de l'armée
turque. Demain peut-être, tandis que le canon des
avant-gardes bulgares tonnera devant Tchataldja,
les flottes des puissances vont franchir les détroits
et jeter l'ancre dans la Corne d'Or. Et tout ceci

____

(1) Nom slave de Constantinople, qui signifie la ville du roi.

sera de l'Histiore, une Histoire plus grande que celle d'un peuple, l'Histoire d'une chose que certains croyaient morte, l'Histoire de la Chrétienté victorieuse de l'Islam.

Nous quittons le quartier général de la IIIe armée pour faire en hâte nos préparatifs de départ et nous rendre aussi vite que possible à Bounarhissar où nous avons reçu ordre de cantonner. A vrai dire, cette désignation impérative de stationner en ce dernier point ne nous à guère séduits. Tout l'état-major du général Dimitrief fait étape cet après-midi à Viza où il doit s'établir. Nous aurions bien voulu, dès aujourd'hui, nous joindre à lui, mais il paraît que c'est impossible. Nous ferons donc contre fortune bon cœur et, puisque la distance de Jana à Bounarhissar n'excède pas huit ou dix kilomètres, nous profiterons de notre après-midi de liberté pour mettre nos notes à jour et visiter les environs immédiats du champ de bataille.

Bounarhissar est plus qu'un gros bourg, c'est une petite ville que traverse la route de Kirk-Kilissé à Stamboul par Viza. La plupart des maisons sont fort bien construites en pierre de taille avec un toit recouvert de tuiles. Ici encore, nous sommes reçus à bras ouverts par le corps médical de l'infirmerie d'étapes organisée dans la localité. L'annonce de l'arrivée de journalistes français fait accourir depuis le médecin chef de l'ambulance jusqu'au dernier infirmier. C'est à qui s'occupera de nous loger, de nous installer nous et nos équipages. Heureuse mentalité hospitalière de la France, nous en retrouvons les bénéfices aujourd'hui où tous ceux qui s'empressent autour de nous le font avec la grâce et le zèle que nous-mêmes nous leur avons enseignés jadis lorsqu'ils vinrent chez nous y chercher le savoir et acquérir la science.

Nous sommes installés au premier étage de la mairie turque de Bounarhissar. C'est un bâtiment spacieux où nos aimables hôtes nous font immédiatement installer un poêle, dont la chaleur bienfaisante nous paraît la plus délicieuse des choses et qui nous permet de nous livrer tout à loisir à un important travail de correspondance.

Le rez-de-chaussée de la mairie est transformé en dépôts d'armes. Par monceaux, les Mauser turcs sont entassés là tels qu'ils ont été ramassés sur le terrain de la bataille. Une corvée est occupée à nettoyer ces armes, à les graisser et à les emmagasiner par paquets de dix, puis de cent, dans des locaux adjacents. Les hommes rient et causent en fumant des cigarettes, tandis que, dans un coin, rigide, froid, exsangue sur une civière où il est couché, semble dormir le cadavre d'un petit troupier bulgare. Seul un petit trou rougeâtre près de la tempe montre à l'observateur attentif la trace du coup qui l'a rendu immobile pour toujours. On l'enterrera ce soir.

Nous déjeunons à la popote des médecins de l'ambulance. Notre présence les égaie, sans doute autant que l'excellent repas qu'ils nous font faire et, à tour de rôle, ils s'efforcent de nous raconter les histoires les plus drôles. Cependant, je dois dire que leur joviale humeur me porte un peu sur les nerfs. Peut-être ai-je le caractère aigri, mais j'admets difficilement la plaisanterie au milieu des circonstances sérieuses que nous traversons. Mon état chagrin provient principalement de cette constation que nous faisons *in petto*, Bernard et moi, « qu'après tout ceux-là se la cou- « laient douce et semblaient faire la campagne à « bon compte! » Ce en quoi nous avions peut-être tort d'ailleurs, car s'ils se reposaient maintenant,

nos hôtes avaient sans doute payé leur quote-part
de tribulations et de peines.

Si ces lignes tombent un jour sous leurs yeux,
certainement m'accuseront-ils d'ingratitude, eux
qui déployèrent de si aimables attentions à mon
égard; toutefois, j'avoue sans pudeur ne con-
server aucunement l'égoïste reconnaissance de
l'estomac, tandis que j'ai parfaitement souvenance
de certaines discussions entre eux : faites par le
plus grand des hasards en français et assez près
de moi pour que je les entende, il y était question de phrases plus graves sans doute que n'é-
taient les faits auxquelles elles se rapportaient,
mais cependant fâcheuses.

Pendant la journée, je pus monter sur une émi-
nence assez élevée qui domine la plaine et la
ville. Trois vieilles tours crénelées en couronnent
le sommet, débris antique d'un vieux château-fort
moyenâgeux, où le général Christof eut, me dit-
on, son poste de commandement pendant les six
jours que dura la bataille. Au pied des tours
s'étend un espace considérable de terrain plat que
des compagnies d'infanterie bulgare utilisent en
ce moment pour faire l'exercice. Rien n'est plus
curieux que de voir les instructeurs expliquer et

faire exécuter les divers mouvements de l'école de section, les déploiements en tirailleurs, la marche par bonds, la théorie du tir, en ce lieu même où, quatre jours avant, la mitraille et le canon devaient faire rage et où le sort de deux peuples était l'objet de la lutte acharnée qui s'y déroulait.

Près de la lisière de Bounarhissar, des attelages de réquisition amenèrent successivement des pièces et des caissons pris aux Turcs. Nous examinons de près ce matériel et je ris encore en songeant à la tête effarée des braves Bulgares qui nous accompagnaient en voyant Bernard et moi ouvrir et fermer les culasses avec aisance, vérifier divers organes des pièces, examiner les hausses, les ressorts du frein, en un mot faire preuve d'une certaine connaissance de ce matériel, chose évidemment inattendue de la part de journalistes déambulant avec une casquette anglaise sur l'oreille et le fatidique brassard rouge des correspondants de guerre sur la manche. Nous fûmes alors obligés de leur faire connaître notre véritable qualité, ce qu'en général nous évitions de faire, à l'exception des cas où nous nous trouvions en contact avec le haut commandement bulgare et où cela devenait alors indispensable.

Près des tours en ruines, l'on nous a montré le panorama d'ensemble du terrain où a lutté la 5ᵉ division bulgare, c'est-à-dire la gauche des armées slaves engagées de front sur le ruisseau du Karaagatch. C'est un ensemble de mamelons assez enchevêtrés qui s'abaissent à hauteur de la route de Bounarhissar à Jana pour venir se fondre dans une plaine uniforme et nue qui s'étend vers le sud jusqu'à Lüle-Bourgas. Vers le sud-est, un massif boisé qui semble plus élevé que le terrain où nous nous trouvons barre l'horizon. C'est la forêt de Soudjak ou du Karaagatch d'où les Turcs, accourant de Viza, débouchèrent le 28 octobre pour attaquer la gauche des Bulgares.

Dans la soirée, toutes les troupes qui, dans la journée, stationnaient encore aux environs de Bounarhissar ont complètement disparu. Bientôt les premiers convois que nous avions dépassés hier réapparaissent. Plusieurs d'entre eux bivouaquent ici. C'est bien la marche vers Constantinople qui reprend, le torrent de l'invasion bulgare qui recouvre tout et dont les flots vont aller battre bientôt avec violence les assises des retranchements de la capitale ottomane et en saper les derniers fondements.

La hâte nous prend de rejoindre à nouveau le général Radko-Dimitrief et de ne plus le quitter, car, avec un pareil homme, l'on a peur de ne pas avancer assez vite, tandis que lui marche, se bat et remporte des victoires, dans le même temps que péniblement nous ne faisons que des étapes.

Viza, jeudi, 7 novembre.

C'est hier que le quartier général de la IIIe armée s'est établi à Viza que, depuis trente-six heures seulement, les troupes bulgares ont occupée. Cette localité est une véritable ville, dont les habitants, Grecs pour la plupart, se sont enfuis devant la rage sanguinaire que les vaincus exercent partout sur leur passage. Plusieurs maisons brûlent encore, d'autres ont été soumises à un pillage en règle et ce n'est dans les rues de la petite cité que débris, meubles cassés, caisses éventrées, tandis que flotte à l'entour une odeur de bois brûlé et de chair grillée qui est suffocante.

La route qui vient de Bounarhissar ici franchit tout le champ de bataille du Karaagatch et la forêt désormais célèbre de Soudjak. Je l'ai faite à pied, parcourant minutieusement le théâtre des

En Bulgarie. — Départ de convois.

Retour de troupes après le *Te Deum* du 25 octobre 1912
célébrant la prise de Kirk-Kilissé.

différents combats, les tranchées des deux partis,
l'emplacement où étaient massées leurs réserves.
Je me suis arrêté longtemps sur le pont de Tchiflik-téké, au point le plus encaissé du thalweg du
Karaagatch, en face des derniers contreforts du
Strandja-dagh encore hérissés des ouvrages que,
des deux côtés, éleva l'infanterie des deux armées. J'ai longé toute la lisière de la forêt. Je
me suis rendu, par des chemins à travers bois,
jusqu'à la grande clairière de Soudjak. J'y ai
trouvé les tentes innombrables des camps ottomans abandonnées sur les rives du Soudjak-deresi
par les troupes de Mahmoud-Mouktar-Pacha en
déroute. J'ai vu, entre Tchongara et Viza, de nombreux cadavres turcs non encore inhumés, qui
empuantaient l'atmosphère de leur odeur putride.
J'ai compté les tas d'étuis de cartouches abandonnés sur les positions de l'armée ennemie, qui
marquaient par leurs amoncellements réellement
fabuleux l'acharnement de la lutte et la persévé-
rance des tirailleurs sous un feu terrible d'artillerie que les entailles des shrapnells et des obus bri-
sants laissées sur le sol démontrent terriblement
juste et meurtrier. Puis, au fur et à mesure que je
me suis approché de Viza, les traces du combat

sont allées en diminuant, tandis que celles de la défaite se faisaient plus précises. De nouveau, comme entre Kirk-Kilissé et Jana, les voitures embourbées, les pièces d'artillerie abandonnées, les campements repliés en hâte, les bagages de toutes sortes encombrent la chaussée de leurs débris épars. Il y en a moins cependant, beaucoup moins. Ce n'est pas une débâcle, c'est une retraite.

Je poursuis mes investigations dans la ville de Viza elle-même. Je remarque entre autres choses que, si la plupart des maisons sont brûlées, vraisemblablement par les Turcs, il y en a d'autres, comme la mosquée, qui ont dû être incendiées par les Bulgares. C'est la peine du talion. Dent pour dent, œil pour œil.

Nous rejoignons ensuite le quartier général de la IIIe armée qui est établi ici jusqu'à demain et, sur notre demande, le général Dimitrief consent à nous faire faire une petite conférence par le chef du bureau des opérations de son état-major, le colonel Asmanof, qui s'en acquitte avec la plus aimable obligeance, malgré les soucis et le travail que doit lui imposer la gravité de l'heure présente.

Cette conférence précise certains points qui étaient restés obscurs pour nous dans les opérations autour de Kirk-Kilissé, puis elle nous permet, surtout après la visite détaillée du champ de bataille des bords du Karaagatch, d'établir un récit définitif de la grande bataille qui vient de s'y livrer.

Après la prise de Kirk-Kilissé, les armées bulgares de gauche et du centre (IIIe et Ire) s'étaient arrêtées sur la ligne Uskub-déré - Asanbéjli - Kavakli - Keke-Selar - Hasköj, qui, le 25 octobre, fut poussée dans la troisième armée jusqu'à Tchiflik-Maudra et Kavakdéré, la gauche restant à Uskub-déré.

Pendant ce temps, la division de cavalerie bulgare, qui avait opéré à la droite de l'armée du général Radko-Dimitrief, reçut l'ordre de pousser droit au sud et de couper, si possible, la voie ferrée de Constantinople à Salonique, par Baba-Eski. Elle réussit parfaitement cette dernière opération, enlevant même dans la gare de Baba-Eski plusieurs trains chargés de munitions et de vivres.

A ce moment cependant, au quartier général bulgare, l'on était assez incertain sur la situation exacte de l'armée turque. Aussi, le 26, personne ne bougea, un jour de repos, au surplus, paraissant nécessaire aux troupes. Mais, pendant ce temps, la cavalerie d'exploration ne restait pas inactive. Les reconnaissances lancées dans le sud, vers Haïrabol et Rodosto, rendaient compte qu'aucun ennemi ne se trouvait dans cette direction, tandis que de gros rassemblements étaient signalés vers Tchorlou et vers Saraï.

Le doute n'était donc plus permis : les Turcs avaient rassemblé toutes leurs forces au sud-est et couvraient directement leur capitale. Les dernières reconnaissances lancées hâtivement sur Viza, non seulement confirmèrent cette hypothèse, mais s'aperçurent que l'armée d'Abdullah-Pacha, loin d'attendre passivement le choc, était en marche et que ses colonnes atteignaient déjà cette dernière ville.

Or, jusqu'à présent, les armées bulgares avaient combattu, marché et stationné droit face au sud. Il devenait urgent de converser vers le sud-est et de s'avancer, toutes forces réunies, à la rencontre des Turcs. Mais la proximité de ceux-ci, dont la droite allait se trouver presque aussitôt en contact avec la gauche bulgare, la certitude que l'on avait que l'effort principal ottoman devait se produire précisément vers cette droite, où la majeure partie de leurs forces était massée, exposait le pivot de la conversion, c'est-à-dire la 5e division, à soutenir seule ou presque seule l'offensive ennemie. Les autres divisions ne pouvaient s'engager que successivement et même à plusieurs jours d'intervalle pour les plus éloignées. Malgré ces graves difficultés, le 26 au soir, le général Radko-Dimitrief n'hésita pas à donner l'ordre général d'offensive à toutes ses troupes, indiquant comme objectifs principaux Viza et Lüle-Bourgas.

La 5e division, qui était à gauche à Uskub-déré, se porta le 27 sur Bounarhissar, tandis que le reste de la IIIe armée et la Ire armée commençaient leur mouvement de conversion. Malheureusement l'absence de chemins orientés dans le sens de la marche, la pluie presque incessante rendant très précaire l'état de ceux qui étaient utilisables, occasionnèrent des retards considérables à la droite de la IIIe armée et à l'ensemble de la Ire armée.

La marche en avant face au sud-est continua le 28 octobre; déjà les avant-gardes de la division du général Christof (1) avaient franchi le ruisseau de Karaagatch-deresi lorsqu'elles se heurtèrent, à la

____

(1) Commandant la 5e division.

lisière ouest de la forêt de Soudjak, à des forces turques extrêmement supérieures en nombre. La bataille décisive de cette guerre venait de commencer.

Il est intéressant d'examiner l'ensemble des particularités que peut offrir le terrain de la lutte. C'est une vaste plaine à peine accidentée qui vient buter contre un escarpement très élevé constituant le rebord occidental du plateau boisé de Soudjak-Karaagatch. Du côté où attaquèrent les Bulgares, si ce n'est dans la région de Bounarhissar et aussi, paraît-il, vers Lüle-Bourgas, pas une ondulation, pas une aspérité où s'accrocher sur le sol, pas une position défilée, rien, un véritable terrain de polygone! Sur la rive turque, au contraire, un vaste plateau mamelonné et boisé, dont l'arête surplombe le cours du Karaagatch-déré de cinquante mètres environ, mais dont les pentes, assez raides, laisseraient le cours même du ruisseau en angle mort et complètement à l'abri des feux provenant de la rive est si les sinuosités du thalweg n'apportaient un remède à cette situation en permettant l'établissement d'ouvrages flanquants.

Le combat traînant que livrait son avant-garde

parut insuffisant au général Christof pour éclairer
la situation. Il convient d'observer, au préalable
d'ailleurs, que la mission de sa division était de
servir de pivot à la conversion générale vers le
sud-est et de tenir en respect, à hauteur de Bounarhissar, les forces ennemies, jusqu'au moment
où toutes les autres divisions entreraient en ligne.
C'est, à n'en pas douter, une mission d'esprit dé-
fensif. Mais la défensive morale n'implique pas
absolument une traduction littérale et l'on peut
penser que la meilleure manière de se défendre
c'est encore d'attaquer. De plus, on ne peut, surtout sans cavalerie, reconnaître l'ennemi qu'en
l'attaquant, suivant le vieil adage « que l'on re-
« connaît une armée avec une armée »; or, les
Bulgares ignoraient ce qu'ils avaient à ce moment devant eux. La formule offensive parut donc
la meilleure au général Christof et celui-ci lança
résolument ses bataillons contre les Turcs.

Or, ceux-ci avaient au préalable massé la majeure partie de leurs forces vers leur droite. Les
nombreux camps que je vis abandonnés entre
Viza et la forêt de Soudjak en témoignent avec
certitude. Leur intention devait être évidemment
de tenter de manœuvrer leurs adversaires par l'est

et de les acculer à Andrinople en les coupant de Kirk-Kilissé. Dès le premier choc, malgré l'impétueux élan des Bulgares, ceux-ci comprirent qu'ils avaient affaire à forte partie. Le résultat de leur offensive était déjà atteint cependant puisque, par leur attaque furieuse sur la lisière de la forêt, ils avaient contraint les Turcs à déployer une grande partie de leurs forces et ainsi à dévoiler leurs desseins.

Le général Christof donna alors l'ordre de se retrancher sur les mamelons de la rive droite du Karaagatch où il ramena tout son monde et d'y préparer une résistance à outrance.

Ce mouvement en arrière avait contraint la 5ᵉ division d'abandonner deux de ses ambulances qui tombèrent aux mains de l'ennemi. Les blessés qui s'y trouvaient encore, environ 150, m'a-t-on dit, furent odieusement massacrés et mutilés par les soldats de Mahmoud-Mouktar-Pacha.

Cependant, les vaillantes troupes du général Christof, excellemment secondées par leur artillerie, l'artillerie du Creusot, soutinrent héroïquement, pendant deux jours entiers, l'attaque des masses ottomanes, dont l'effectif, loin de diminuer, semblait aller sans cesse en croissant. Les obus causaient, paraît-il, les plus cruels ravages chez l'ennemi, les shrapnells arrosant les lignes d'infanterie, les éclats des projectiles à la mélinite faisant disparaître des files entières de soldats.

Dans la soirée du 29, la situation se modifiait. Successivement les autres divisions de la III° armée, la 4°, puis la 6°, venaient prolonger à droite la 5°. Elles se heurtaient, elles aussi, aux corps d'armée turcs qu'elles trouvèrent fortement retranchés sur la rive est du Karaagatch-dérési.

En raison de la difficulté qu'offrait un terrain parfaitement plat, véritable glacis en avant de la position ennemie, en raison surtout du peu de facilité d'y établir convenablement son artillerie, toute l'armée du général Radko-Dimitrief progressa très peu, pour ne pas dire pas du tout, pendant la journée du 30 octobre. Vers le milieu de la journée cependant, l'entrée en ligne de la Ire armée, sur le front Sarauli - Lüle-Bourgas, amena un semblant d'amélioration. Le général Koutintchef avait été très retardé par la boue, ce « cinquième élément » dont se plaignait tellement Napoléon en Pologne et dont nous gémissons tant ici. A la fin de la journée du 30, le reste de la

Iʳᵉ armée, la 10ᵉ division, prolongea la ligne entre Douzoubrach et Lüle-Bourgas. Du premier de ces points jusqu'à Bounarhissar, le front bulgare dépassait à ce moment 40 kilomètres. Malgré leurs efforts, les régiments slaves stationnaient couchés dans les tranchées sans pouvoir avancer; les Turcs faisaient tête partout et semblaient inébranlables sur leurs positions. L'armée bulgare avait tous ses éléments en ligne, plus une réserve, à peine quelques régiments disponibles dans certains secteurs d'attaque, fractions trop faibles, semble-t-il, pour donner le coup de massue final qui achève et qui amène la décision.

C'est à ce moment pourtant que, pendant la nuit, eut lieu ce que l'on appelle généralement en pareille circonstance « l'événement ». Une brigade de la 6ᵉ division, aile droite de la IIIᵉ armée, se jeta vers onze heures du soir environ sur la position turque à hauteur de Türk-Bey et réussit à prendre pied sur le plateau de la rive gauche du Karaagatch, en plein centre ennemi. Préparé avec soin, l'assaut fut exécuté avec une énergie admirable. Les Bulgares se ruèrent sur la position ennemie, sans tirer un coup de feu, aux cris répétés par tous de « En avant! à la baïonnette!... »

« Na Pret! Na noge!... (au couteau)! » et, lorsque l'aube se leva, le 31, sur le champ de bataille, une brèche formidable garnie de 6.000 fusils était ouverte au milieu des lignes ottomanes.

L'infanterie bulgare se retrancha sur sa nouvelle position, tandis que, derrière elle, on improvisait en hâte des passages volants sur le ruisseau. Successivement, une, deux, trois batteries passèrent... puis d'autres encore, puis tout ce que l'on avait de fractions disponibles vint ajouter ses efforts en ce point pour y briser définitivement les retours offensifs des Turcs.

Au même moment se produisait à l'extrême droite des Bulgares, au sud de Lüle-Bourgas, un événement d'importance extrême. Cheminant sur *les deux rives de l'Ergène, les régiments de la 10° division atteignirent Sousouj-Mouselim, débordant complètement la gauche turque. Une masse d'artillerie importante fut alors mise en batterie en ce point, qui prit d'enfilade toute cette aile ennemie et lui fit éprouver de grosses pertes. Dès lors, la situation de cette partie de l'armée d'Abdullah-Pacha devint extrêmement critique et, aux* dernières heures du jour, elle était en pleine retraite dans la direction de Tchorlou. A ce moment, l'on pouvait déjà dire que la bataille était virtuellement gagnée.

Cependant restait encore toute la masse de droite des Turcs, la plus dense, la plus considérable, la plus tenace aussi. Mais, enflammés par le succès de leur centre et de leur droite, les régiments bulgares de la 4ᵉ division se portèrent de Kouliba sur le village de Karaagatch et, devant leur irrésistible élan, l'ennemi céda, s'écroulant, s'enfuyant dans toutes les directions.

Le 1ᵉʳ novembre, les Bulgares atteignaient Topchiköj, tandis que, vers Tchiflik-téké, les arrièregardes de l'armée ottomane faisaient tête encore toute la journée. Mais, de ce côté, arrivait à Bounarhissar une brigade de réserve qui accourait à marches forcées. Sans tarder, on la lança dans la bataille. Contournant Tchiflik-téké par le nord, elle atteignit Soudjak et de là, se rabattant au sud, tomba dans une immense clairière dénudée, cellelà même que je traversais aujourd'hui, sur le flanc des dernières troupes turques en retraite qui s'enfuirent sur Viza en abandonnant un matériel important.

Le 2 novembre, lorsque l'infanterie bulgare s'arrêta devant Viza, sans y entrer toutefois, les

derniers coups de canon de cette bataille de six
jours furent tirés sur les arrière-gardes turques
qui brûlaient la ville pour venger leur défaite.

Tel est, dans son exposé simple et peut-être un
peu aride, le récit que nous fit le colonel Asmanof
de cette lutte homérique qui rappelle Liao-Yang
et Moukden. Son étude, sans doute, ainsi qu'il
en fut de même pour ces dernières, fera l'objet,
dans les milieux militaires de toutes les nations,
de recherches minutieuses et de critiques instruc-
tives.

Je n'y apporterai aucune conclusion personnelle, mais je rappellerai la triple affirmation qui
m'a été donnée en même temps par le général
Radko-Dimitrief, le colonel Jostof et le lieutenant-
colonel Asmanof : « Cette victoire, où nous avons
« lutté front à front, dans des conditions qui nous
« forçaient à renoncer à la tactique enveloppante
« si chère aux Allemands, a été acquise par le
« succès d'une attaque exécutée en plein centre
« ennemi, telle que la préconise l'enseignement
« de votre Ecole de guerre. C'est à cette idée bien
« française du choc à l'endroit où l'on est le plus
« fort, qu'auprès de Kouliba et à Turk-Bey, com-

« me précédemment à Lozengrad, nous devons le
« triomphe de nos armes. »

Ce rappel de notre pays, des idées chères à notre
armée, par ces trois hommes, artisans d'un des
triomphes les plus éclatants que l'Histoire ait
jamais enregistrés, est assurément l'une des choses
les plus émouvantes qui m'aient été dites, une de
celles aussi qui me remplirent davantage d'une
orgueilleuse et bien légitime fierté pour ma Patrie.

Et lorsque ces choses-là, pour simples qu'elles
paraissent, sont dites ainsi, elles émeuvent jusqu'aux larmes!

CHAPITRE VII

AVEC LE GÉNÉRAL DIMITRIEF

Les massacres d'Asbouagh. — Saraï. — Etape sur Strandja.
— Le mur d'Anastasie. — Les Bulgares devant les lignes
de Tchataldja.

Saraï, vendredi, 8 novembre.

Ce matin, la pluie nous a de nouveau repris,
ajoutant un peu de boue à l'océan des fondrières,
enlisant un peu plus pièces et caissons, chariots à
bœufs et mulets de bât.

Le général Dimitrief, me rencontrant sur la
route, m'interpelle et me recommande de pousser
jusqu'à Asbouagh, à quelques kilomètres au sud
de notre route de marche : « Vous y verrez là, dit-
il, de quoi sont capables les Turcs! » Je pars hâtivement, suivi d'une escorte de stradjars (gendar-
mes du quartier général) chargés de pourvoir à
ma sécurité.

Nous traversons un premier village, Menguert,
où tout est vide, à peine quelques hommes dans les
rues, gens affaissés, marchant tête baissée, bras

ballants et comme las d'exister encore : « Plu-
« sieurs de ceux qui ne se sont pas enfuis ont été
« massacrés ici, mais allez à Asbouagh et vous
« verrez de quoi sont capables les Turcs! » gémis-
sent-ils en répétant inconsciemment les paroles
du général.

Et bientôt, en effet, voici Asbouagh, petit village dont la ligne de maisons se cache derrière
quelques arbres bas au feuillage épais.

J'approche, une épouvantable odeur de char-
nier, mêlée d'une senteur fade de cendres chau-
des, de paille brûlée, me saisit à la gorge. Pas une
maison ne reste debout, tout n'est que ruines
croûlantes, murs calcinés, détritus de toutes sortes. Portes et montants de fenêtres arrachés gisent
pêle-mêle dans les rues avec des cruches de grès
brisées, des pierres arrachées aux murailles, des
cadavres d'animaux à demi grillés, chiens, porcs,
ânes, qui, pas plus que les êtres humains, n'ont
échappé à la rage destructive des vandales de
Mahmoud-Mouktar de Tougourt et d'Abdullah-
Pacha.

Il ne reste plus guère de cadavres des habitants
massacrés, car, en ce moment même, on procède
à leur inhumation dans une tranchée de cent mè-

Le général Radko-Dimitrief.

Train de blessés partant de Sinekli.

Un campement.

Poste de miliciens à Stara-Zagora (gare).

tres de long où près de quatre-vingts corps viennent d'être placés. J'arrive au moment où les dernières pelletées de terre retombent. Un bras apparaît encore crispé dans la terre qui le recouvre; plus loin, une tête aux yeux encore ouverts et, plus loin encore, une autre tête horriblement défigurée.

Je reviens vers le centre du village. Un habitant, un des rares qui aient pu s'enfuir avant d'être massacrés, me fait un signe de la main. Je le suis sans comprendre, car son langage m'est inconnu ainsi qu'à mes hommes. Il est peut-être devenu fou de terreur? Non! Nous entrons à sa suite dans une chambre basse; au fond, le cadavre d'un pauvre bébé de trois à quatre ans tout au plus, la tête fracassée d'un coup de fusil. Nous poursuivons notre sinistre ronde et arrivons devant la petite église grecque du village. Tout y est brisé, portes, fenêtres, vases, autel! Cinq ou six victimes ont été enterrées là tout près. Devant une maison incendiée, le cadavre d'un jeune homme, horriblement calciné, est comme jeté à terre dans une dernière convulsion d'agonie.

Plus loin, au milieu de décombres sans nom, émerge le tronc mutilé d'un homme.... Epouvanté, je remonte à cheval et, sans mot dire, avec un geste de pitié et d'adieu pour les pauvres gens qui restent, je quitte précipitamment cet enfer où la rage de l'Islam vaincu a semé, pour la dernière fois sans doute, la désolation et la mort dont il abreuve cette terre depuis plus de quatre siècles.

Et, comme si c'eût été le châtiment, en revenant vers Saraï où doit s'établir aujourd'hui le quartier général de l'armée, je longe une sorte de marais, un marécage de boue au milieu duquel apparaissent sanglants, inanimés, de nombreux cadavres turcs. Une automobile est là, enfoncée jusqu'aux moyeux et contenant quatre personnes. Horreur! les quatre hommes sont rigides et froids, comme surpris par la mort dans leur course soudainement arrêtée. Qu'a-t-il donc pu se passer? Le colonel Jostof m'en donne l'explication à mon retour. Ce n'est point par les Bulgares que les Turcs du marais ont été tués, mais par leurs propres troupes. Dans la nuit, tandis que les avant-postes de la III° armée étaient encore au stationnement en face de Viza, l'on entendit au loin une vive fusillade. C'était une méprise de la part de l'ennemi à qui l'obscurité rendait dans sa retraite toute ombre suspecte, toute erreur plus facile.

Continuant vers Saraï, je trouvai plus loin encore d'autres cadavres et près d'eux des civières et des brancards abandonnés. L'on prétend ici que ce furent des blessés que, dans leur marche en arrière, les Turcs abandonnèrent et qui achevèrent de mourir là d'une agonie lente et douloureuse, au milieu des ornières boueuses et sous la pluie qui tombait en cataractes.

Saraï, comme Edriköj, comme Tastarli, brûle encore. Là, comme partout ailleurs, la rage destructive des vaincus s'est manifestée en incendies et en massacres. L'on reste comme accablé de cette cruauté morbide des soldats du sultan.

Et pourtant ces bourreaux s'étaient auparavant, il faut bien le dire, battus comme des braves et avaient paru retrouver leur valeur traditionnelle. De l'aveu même des Bulgares, la bataille de Lüle-Bourgas a rétabli, dans une certaine mesure, le prestige des Turcs et donne tout droit de rappeler leur ancienne bravoure.

Une des réflexions les plus persistantes que je fis en parcourant les tranchées du Bounarhissar a trait précisément à l'endurance de l'infanterie ottomane. J'affirme qu'il a fallu un moral extraordinaire pour tenir là six jours entiers sous la pluie de fer et de feu qui s'y est abattue. C'est notamment la précision réelle de l'artillerie bulgare qui m'a le plus frappé et j'ai su depuis, à l'état-major, que, d'après les renseignements reçus, c'est effectivement le canon qui a occasionné les pertes les plus graves à l'ennemi. L'obus explosif notamment a des effets terrifiants. Il éclate en une gerbe assez peu étendue en longueur et en largeur, mais qui, au point précis où il explose, produit quelque chose de comparable à un coup de hache. C'est ainsi que je m'explique toute une tranchée remplie de larges taches de sang, tandis que le sol est profondément entaillé en arrière du parapet.

Plus loin, ce sont des douilles vides et des lames-chargeurs du fusil Mauser qui prouvent, par leurs tas épais amoncelés, l'intensité et la persistance du feu à cet endroit. Ailleurs, ce sont des caisses de cartouches abandonnées, éventrées et comme retournées; tout à l'entour, des taches sanglantes et sur le sol la trace indélébile du fameux coup de hache! Sans doute, c'était un ravitaillement de munitions qui s'opérait là et qu'un obus est venu terminer de façon sinistre.

Mais en arrière des positions ottomanes, il n'y

a rien de comparable à l'effroyable déroute de Kirk-Kilissé. Peu ou point de matériel abandonné. *L'inévitable trace d'une retraite cependant : cada*vres gisant encore çà et là, camps de tentes coniques fort nombreux et que, lors de la défaite, les *troupes n'ont pas eu le temps de replier. Mais au* demeurant, peu de choses, du moins de ce côté.

Et maintenant où allons-nous? Nous sommes ici à Saraï, petite ville presque exclusivement turque et par conséquent vide, car les habitants se sont enfuis devant nous. Demain ou après demain, le général Dimitrief portera le quartier-général de la IIIᵉ armée à Strandja, à douze kilomètres de la mer Noire, à moins de quatre-vingts kilomètres de Stamboul, à une étape de Tchataldja. Nous marchons à la bataille ultime; l'armée turque, comme après Lozengrad, s'est effondrée et a disparu devant les avant-gardes.

A l'abri des fortifications de Tchataldja, espère-t-elle se reconstituer suffisamment pour pouvoir résister à l'offensive furieuse des armées bulgares? Va-t-on, enfin, voir le vieil Islam faire tête, ou bien sa chute est-elle définitive?

Ici, la victoire ne fait pas de doute et, puisque ce front de Tchataldja ne peut être tourné, puisque la mer est à ses deux bouts, eh bien! on l'enfoncera!... « Na nogel... (au couteau) ».

Déjà les têtes des colonnes sont près du mur d'Anastasie, déjà tous brûlent d'en finir avec le Turc et d'entrer à Stamboul. Vague puissante et formidable, rien, sans doute, ne résitera à son choc, ni les murailles ébranlées des vieux forts de la capitale, ni les soldats qui semblent avoir perdu le moral et le souvenir des exploits de leurs ancêtres, ni même l'Europe inquiète et jalouse, dont l'agitation, devinée dans ce petit coin de Turquie où nous vivons ignorants cependant du reste du monde, semble l'image puérile d'une digue impuissante à conjurer les événements que son égoïsme a permis et que son aveugle égarement n'a jamais su prévoir.

Cependant ici les soldats, gens qui ont du cœur, se préparent. Il y aura du sang versé encore et chacun le sait. Mais, si 15.000 des leurs sont tombés sur les rives du Karaagatch, ils savent que, là aussi, plus de 40.000 Turcs ont jonché le sol et, tous résolus, ils marchent au sacrifice glorieux.

Saraï, samedi, 9 novembre.

Nous ne changeons pas de cantonnement aujourd'hui. Serait-ce que la marche en avant, que je ne peux m'empêcher de trouver déjà fort peu rapide, va devenir plus lente encore? Il est vrai que les difficultés, quasi insurmontables, d'une route à peu près inexistante et qui va toujours s'allongeant, apportent, sans nul doute, des empêchements terribles à la progression des armées. Le coup de Lüle-Bourgas a été dur...; il a fallu se reposer trois jours pendant lesquels on n'a pas pu poursuivre, tandis que les débris ottomans disparaissaient avec la soudaineté du prodige, ne laissant que le vide derrière eux. Quel dommage pour les Bulgares, qu'ils n'aient pas eu des troupes fraîches pour organiser une poursuite vigoureuse! Leur cavalerie a fait défaut également par son insuffisance numérique. Il aurait fallu ici une cavalerie nombreuse, alerte et mobile qui, dès le moment où les Turcs commencèrent à faiblir, se serait jetée en masse dans les rangs des fuyards et serait entrée pêle-mêle avec eux dans ces fameuses lignes de Tchataldja où, si le temps leur en est laissé, ils vont se reformer, se retrancher et se trouver en mesure de lutter à nouveau.

Je ne vois pas de troupes cantonnées à proximité de nous, comme il y a quelques jours à Bounarhissar et à Viza. J'en conclus qu'elles sont toutes devant nous et que, suspendue par le quartier général de la III⁰ armée, la marche a peut-être continué dans les colonnes des divisions.

Ne sachant trop comment occuper mon temps après avoir mené à bien tout mon travail de correspondance, j'erre dans la localité de compagnie avec Bernard et Puaux. Notre promenade nous amène dans la mosquée de Saraï. Elle a été transformée en écurie par les Bulgares et, dans un coin, se trouvent, en tas épais, les feuillets du Coran : écrits en langue turque, curieusement enluminés, ils doivent avoir une existence déjà fort respectable. L'église grecque a été complètement saccagée; elle forme un pendant lamentable à la mosquée sa voisine.

Nous continuons à travers la ville; partout nous remarquons un désordre inouï et surtout une saleté extraordinaire dans les anciens cantonnements que successivement ont occupés les soldats turcs, puis les régiments bulgares. Je crois que le point de vue sanitaire a été aussi peu respecté chez les uns que chez les autres. Nulle trace d'organisation d'hygiène et de propreté rudimentaires. Jamais une feuillée n'a été creusée; les sources et les mares d'eau sont manifestement polluées; au beau milieu du village, des restes des abats d'une boucherie demeurent là en plein vent, sous la pluie, empuantant l'atmosphère et contaminant les eaux. Plus loin, ce sont des cadavres de chevaux qui pourrissent, infectant tout dans le voisinage.

Si cela continue ainsi, nul doute que l'armée bulgare ne paie extrêmement cher des maux qu'il lui serait cependant bien facile de prévenir.

Strandja, dimanche, 10 novembre.

La pluie, qui avait tout inondé hier soir, a fait place à un beau soleil clair et chaud qui nous met en joie en même temps que l'ordre pour la reprise de la marche nous est transmis.

Munis d'un repas froid par les soins de la popote de l'état-major, à laquelle nous sommes incorporés au même titre que nos camarades bulgares, nous nous mettons en route de bonne heure. A quelques kilomètres au delà de Saraï commence cette large zone boisée qui, à l'exception de quelques clairières ouvertes le long des grandes coupures du terrain, s'étend jusqu'aux portes de Constantinople.

J'ai la bonne fortune de causer plusieurs fois pendant la marche avec le général Dimitrief. Il paraît marquer une prédilection toute particulière pour notre société et volontiers il aborde des sujets tactiques dans la conversation. Je crois bien le connaître maintenant : c'est un homme énergique, ardent et brave. Il me semble posséder une imagination fort développée, plus qu'elle ne l'est en général chez les Slaves. Une bonté et une droiture évidentes se lisent dans son regard, alliées à une grande finesse non dénuée de bonhomie. Cependant, le trait dominant de son caractère est la vivacité : cette vivacité qui tranche nettement avec le calme de son chef d'état-major, le colonel Jostof, l'amène parfois, paraît-il, à des mouvements impromptus qui, dans l'exercice du commandement, peuvent être fâcheux et entraîner quelquefois certaines erreurs. L'état-major de la IIIᵉ armée se déplace escorté par un escadron de cavalerie et par un escadron de stradjars. Pendant la route, l'escadron se couvre et s'éclaire au loin, quelle que soit la situation du moment. Rien n'est laissé ainsi au hasard d'un coup de main ou d'une embuscade.

A une dizaine de kilomètres avant d'arriver à Strandja, nous rencontrons les voitures des trains régimentaires qui, opérant un ravitaillement en pleine forêt, reçoivent leurs denrées des interminables convois de chariots à buffles parvenus jusque-là. Puis les troupes apparaissent bientôt. A l'arrivée du général Dimitrief, les vivats éclatent. L'on sent que l'enthousiasme que provoque chez les hommes ce chef déjà deux fois vainqueur est véritablement extraordinaire. Quelle meilleure garantie du succès qu'un moral pareil! Quoi qu'il advienne de l'avenir, l'on peut hardiment affirmer que c'est grâce à lui que, jusqu'à présent, les Bulgares furent vainqueurs en dépit de leur organisation supérieure et de tous les autres avantages dont ils pouvaient se réclamer.

Strandja!... petite ville grecque toute en bois. A notre arrivée, des notables, confortablement vêtus de redingotes et de chapeaux melons, s'avancent à notre rencontre. C'est une municipalité hellène qui s'est constituée sitôt les Turcs disparus. L'accoutrement, soi-disant civilisé, de ces gens nous fait ouvrir de grands yeux. Au demeurant, l'accueil qui leur est fait paraît empreint de quelque rudesse, et les rapports des représentants des deux races, presque sœurs cependant et en tout cas présentement alliées, me semblent bien dépourvus d'aménité.

Strandja, lundi, 11 novembre.

Aujourd'hui encore, nous ne marchons pas. Pourquoi tous ces retards, toutes ces hésitations, alors qu'il faudrait aller vite? La réponse arriva bientôt et je dois avouer qu'elle ne fut pas sans nous causer quelque émotion; j'allais presque dire du désespoir. Une rumeur courait, venue je ne sais d'où, que des pourparlers étaient engagés, un armistice conclu et les hostilités suspendues. Aussitôt je vins trouver en toute hâte le colonel Jostof qui m'assura qu'il n'en était rien et que la marche n'avait été interrompue que pour certaines raisons stratégiques.

Ces raisons, au surplus, je n'ai pas été sans les deviner quelque peu, tellement elles sont évidentes : il est indéniable qu'il est difficile aux Bulgares d'engager la bataille sans avoir au préalable réuni tous leurs moyens et de donner ainsi le coup de bélier final sans y mettre une vigueur d'autant plus décisive que son élan aura été mieux calculé.

Ces conditions ne devraient pas exclure la rapidité de la manœuvre que je déplore tous les jours de voir si lente. Mais, puisque les armées slaves paraissent d'ores et déjà avoir en partie renoncé à une attaque brusquée qui, dans les premiers jours, aurait peut-être eu des chances de réussite, l'on conçoit assez bien, sans cependant trop les approuver, qu'elles prennent leur temps pour organiser l'assaut des lignes de Tchataldja.

De toutes parts les divisions affluent, accourant au combat : la Ire armée au sud, la IIIe armée au nord. Cette dernière est renforcée de deux divisions, la 3e et la 9e, prises dans le corps de siège d'Andrinople; mais, en échange, la 6e division compte désormais à la Ire armée. De tout ceci il ressort bien, une fois de plus, que l'investissement de la ville du sultan Selim ne peut être l'objectif principal des Bulgares pour le moment. Il n'y en a, à l'heure actuelle, qu'un et un seul: l'armée turque, aujourd'hui acculée au Bosphore. D'autre part, nous apprenons que les deux divisions qui ont quitté le siège viennent d'être remplacées par deux divisions serbes amenées jusqu'à Mustapha-Pacha par la voie ferrée. Mais tous ces mouvements ne sont pas encore complètement achevés. « Il faut attendre ! » me répète-t-on pour la centième fois. Il faut attendre le complément de munitions nécessaires, il faut attendre d'être renseigné sur l'ennemi et sur le front fortifié qu'il va falloir attaquer.

Or, ceci est encore, en partie du moins, un mystère. L'on raconte que les avant-gardes ont poussé en avant des reconnaissances et que les officiers qui les composaient ont pu apercevoir à la jumelle des travailleurs qui remuaient activement la terre. Sans doute la ligne des fortifications déjà naturellement solide qui s'appuie d'une part au golfe de Derkos et de l'autre à celui de Tchekmedjé, va se trouver augmentée et singulièrement complétée. Le point faible de l'ennemi c'est évidemment son déséquilibre moral et son découragement général. L'on prétend que, dans le cul-de-sac étroit que limitent tout à l'entour les forts de Tchataldja, la mer de Marmara, le Bosphore et la mer Noire, il y a un fourmillement fantastique d'êtres humains. Ce qui se passe là doit être terrible et déjà, dans ces agglomérations errantes, la faim et la maladie ont commencé à faire leur œuvre.

C'est un service insoupçonné que la population ottomane des régions que nous venons de traverser a rendu aux armées bulgares en s'enfuyant ainsi devant elles. Le pays est vide, absolument désert par suite de l'absence des Turcs qui l'ont abandonné et il offre ainsi une sécurité absolue pour les communications de l'armée victorieuse.

Or, se représente-t-on cette ligne d'étapes, longue de 300 kilomètres environ, obligée d'aller chercher les ravitaillements de l'armée jusqu'à Yambol et Bourgas, s'il avait fallu la protéger et la couvrir contre les incursions d'un ennemi actif et entreprenant ? Presque la moitié des forces en campagne eût été employée à cette besogne secondaire mais nécessaire, et les difficultés qu'un pareil souci aurait causées eussent été de tous les instants.

Tandis que tout cela se passe dans un ordre excellent, une tranquillité parfaite. A la suite de l'armée qui s'avance majestueuse, puissante, recouvrant tout sur son passage, descend, en arrière d'elle, le fleuve au débit incessant de ses convois et de ses ravitaillements. Cependant de graves soucis sanitaires commencent à se faire jour. L'on parle de cas de choléra chez les Turcs et ici la dysenterie a commencé ses ravages. Usés par les marches continuelles et les privations, souffrant de la faim et du froid, les malheureux troupiers bulgares acquièrent aisément un état général de morbidité que les microbes néfastes des eaux polluées par mille détritus leur inoculent fatalement. L'état sanitaire est mauvais.... il deviendra pire si l'on n'y veille..... et je dirai malgré tout aux Bulgares que c'est leur faute, car ils ne prennent aucune précaution. Leur insouciance est effarante au moins autant que leur ignorance ou leur incurie en matière sanitaire ! Les conséquences en sont plus graves que l'on ne saurait croire, car, outre les effectifs, la maladie atteint aussi le moral des hommes. Ceux-ci cependant n'ont pas l'air de trop se plaindre et, quant au commandement, sa confiance dans le succès reste sans bornes.

« L'aile gauche de nos armées atteint la mer « Noire, l'aile droite, la mer de Marmara.... » annonçait avec un légitime orgueil l'ordre de mouvement d'hier et j'avoue ne pouvoir qu'applaudir à si brillant résultat. Car, en définitive, les soucis

Départ des attachés militaires et des correspondants de guerre
de Sofia.

Soldats turcs prisonniers.

5

Le capitaine Jostoff.

Le train des attachés militaires. — Un arrêt en cours de route.

de l'heure présente ne doivent pas faire oublier le magnifique succès remporté jusqu'à ce jour. A dire vrai, il y aurait matière à demeurer véritablement confondu, bien qu'en somme la logique des événements, leur évolution normale, la faible étendue du théâtre principal des opérations et surtout l'excellente préparation matérielle et morale du peuple bulgare contiennent en eux-mêmes l'explication très nette de sa foudroyante victoire. Mais qui donc aurait pu croire à un pareil effondrement chez les Turcs ?

Hier s'ouvrit entre Puaux et moi une discussion *inter pocula* sur le plus ou moins grand intérêt que la Bulgarie avait à pousser la guerre davantage et à attaquer Tchataldja et Constantinople ou bien à en demeurer aux succès acquis à l'heure présente. Il est bon, avant d'en faire l'exposé, de rappeler l'incertitude, dont j'ai parlé plus haut, où nous nous trouvions alors relativement à une cessation plus ou moins prochaine de la guerre. Enfin je ferai également remarquer le côté spéculatif de nos raisonnements, puisque nous ignorions tout de la situation diplomatique générale et que nous en étions réduits à de simples hypothèses.

« Pourquoi combattre encore, disait Puaux, si
« l'on admet que le résultat cherché est déjà
« atteint ? Supposons, par exemple, que l'on ait
« offert à la Bulgarie tout ce à quoi elle peut légi-
« timement prétendre, laissant seulement à la
« Turquie Constantinople et un vague hinter-
« land le long des détroits. Pourquoi voulez-vous
« sacrifier 5o.ooo existences, peut-être plus, pour
« obtenir la satisfaction, en définitive absolument
« morale et platonique, d'entrer à Stamboul ? »

« C'est précisément parce qu'il s'agit d'un effet
« moral à obtenir que ce sacrifice est nécessaire !
« ripostai-je. Tant qu'il reste une armée turque,
« *tant que l'écrasement n'est pas définitif*, la
« guerre doit être continuée. Laissez faire aux
« soldats jusqu'à ce que pareil résultat soit acquis.
« Puis, lorsque les débris des troupes d'Abdullah
« pacha auront mis bas les armes, que les armées
« bulgares tiendront la Corne d'Or sous leur
« canon, donnez à ce moment la parole aux di-
« plomates. A ce moment croyez bien que l'effet
« pratique, matériel, d'une pareille action réa-
« gira d'un poids singulier sur les discussions
« qui s'ouvriront alors et qu'il facilitera gran-
« dement les revendications des états balkani-

« ques. A celui qui peut tout, l'on donne tout, à
« celui qui ne peut plus rien, l'on ne donne rien.
« Or s'arrêter maintenant, c'est s'arrêter avec une
« Bulgarie victorieuse sans doute, mais aussi avec
« une Turquie respirant encore. S'arrêter à Cons-
« tantinople seulement, c'est poser les bases d'une
« discussion, en face d'une Bulgarie maîtresse
« absolue de la situation et d'une Turquie défini-
« tivement expulsée d'Europe. Jusqu'à ce mo-
« ment, la parole est encore au canon ! »

Comme il est de règle en pareil cas, chacun garda son avis. L'Histoire seule devait nous départager !.....

Ermeniköj, mardi, 12 novembre.

Hier soir à Strandja, en sortant de table, un ordre bref arrive à la popote de l'état-major: « Demain matin, départ à 7 heures pour Ermeniköj! » C'est net et précis. Nous nous précipitons sur nos cartes et nous constatons que l'emplacement du nouveau quartier général choisi est à 7 ou 8 kilomètres à peine des lignes turques. Donc, cette fois-ci, ça y est bien..... c'est l'ordre pour la bataille et le départ pour le front !.....

Nulle émotion autour de nous, les conversations continuent et, calmes, les uns et les autres retournent à leurs occupations. Seule la presse européenne est quelque peu agitée; elle court depuis si longtemps pour ne rien voir! Nous n'en croyons pas nos oreilles à la pensée qu'enfin on va nous montrer quelque chose.

Notre petite phalange pérore et discute longuement. Outre les quatre Français que nous sommes, il y a avec nous d'autres représentants des feuilles étrangères. Max Well et le major Rautkins, que je rencontrai jadis au Maroc, forment avec le capitaine australien Fox le trio britannique; le célèbre romancier russe Nemerovitch Dautschenko, accompagné du lieutenant-colonel d'état-major de Dreyer et du capitaine Mamountof, complètent la représentation privilégiée de la Triple-Entente. Pas un Allemand, pas un Autrichien!... A la Ire armée, nous savions que seuls se trouvaient Ludovic Naudeau et un journaliste russe... C'est donc partout le même exclusivisme en notre faveur. Inutile de dire que nous nous en félicitons chaudement, éprouvant assez peu de sympathies pour ceux de nos collègues appartenant au groupement adverse.

Cependant plus je réfléchis à ce qui se passe

autour de nous, plus je demeure sceptique, en songeant aux difficultés matérielles qui restent encore à vaincre, au chemin qu'il faudra parcourir, au retard que tout cela apportera vraisemblablement au mouvement en avant et je me dis qu'après avoir tant peiné pour rejoindre Radko-Dimitrief et espéré assister à une belle bataille, je vais peut-être me trouver au milieu d'une armée dont les actions se borneront à un siège régulier des lignes fortifiées par les Turcs. Au lieu de procéder de vive force à l'enlèvement des positions ennemies, peut-être faudra-t-il approcher la pelle et la pioche à la main, ouvrir la parallèle et, comme autrefois à Sébastopol, s'arrêter des jours, des semaines, des mois!

Tout est possible en effet. Mon élan de tout à l'heure tombe petit à petit et se réduit au plus incertain des doutes, au fur à mesure que j'avance vers l'est. L'étape de Strandja à Ermeniköj est terrible. Sans un guide on ne pouvait se dégager d'un dédale de ravins entre-croisés, de croupes boisées qui bornent et limitent étroitement l'horizon. Au milieu de tout cela, des chemins, des sentiers, si l'on peut même donner ce nom aux fondrières ininterrompues, étangs de boue et d'eau

où nous enfonçons jusqu'au ventre de nos mon-
tures. ...

Voici qui mieux que tout explique la lenteur des
Bulgares à attaquer : les colonnes marchent péniblement, en proie à des difficultés presque insurmontables. L'artillerie surtout cause des embarras
de tous les instants et fréquemment je vois des
escouades entières de fantassins dont les hommes
accourent prêter main-forte aux artilleurs. Au
milieu des cris et des coups de fouet, les malheureux attelages s'épuisent en vains efforts, pour
sortir les pièces des ornières où quelques pas plus
loin elles retombent lourdement.

Néanmoins, tout cela progresse, avance insensiblement. Hier, les avant-gardes avaient à peine
dépassé le mur d'Anastasie, aujourd'hui, lorsque
à notre tour nous le franchissons, tout le monde,
troupes, canons, convois est déjà bien au delà.
Mais je ne pense pas que dans la soirée il faille
compter sur un engagement même des premiers
éléments. C'est la marche d'approche de toute une
armée. Ils sont 150.000 hommes qui rampent, se
glissent et qui, insensiblement, avant la nuit, se
seront avancés presque jusque sous le canon

turc. Demain, sans doute, le contact sera repris et nous entendrons à nouveau « parler la poudre!»

Le général Radko-Dimitrief a reçu le commandement suprême des deux armées, Ire et III°. Nul n'était, en effet, plus qualifié, plus digne de l'honneur ultime de conduire les régiments bulgares à l'assaut de Constantinople. Il vient d'opérer une reconnaissance sur le front nord, entre Belgrade et Ermeniköj, en longeant les crêtes de Kalfaköj; mais j'apprends que lui-même, en butte aux difficultés de terrain, a eu de la peine, malgré ses guides, à parcourir ce front et que, finalement, il s'est égaré comme un simple mortel.

En entrant à Ermeniköj, nous trouvons le village occupé par quatre des régiments de la division du général Boïadief. C'est grâce à l'amabilité du lieutenant-colonel Radkof, qui commande un de ces régiments, le 44°, que nous pouvons trouver un gîte. Nous dînons en compagnie de notre hôte, ancien élève de l'Ecole militaire de Turin et aussi ancien chef d'état-major de la 5° division. Il nous conte maintes anecdotes sur la fameuse bataille du Karaagatch et insiste particulièrement sur la formidable position des Turcs à ce moment et sur la peine que l'armée bulgare eut à l'enlever.

Pendant le repas, un planton vient apporter l'ordre de mise en marche pour le lendemain. D'après la lecture de cet ordre et les explications qui me sont données, je comprends que toute la 4ᵉ division va se porter légèrement en avant et s'établir face à l'est, mais sans encore attaquer. Il doit évidemment y avoir des raisons qui empêchent les armées bulgares de continuer leur marche. Diplomatie... mauvais chemins... manque de munitions ou de vivres... ou artillerie lourde... que sais-je? je me perds dans les hypothèses!...

Ermeniköj, mercredi, 13 novembre.

J'ai opéré une petite reconnaissance à pied dans la direction de l'ennemi. Des hauteurs de Kabat-chaköj, j'ai tenté d'observer tout d'abord les positions bulgares. Mais, à la vérité, je n'ai pas vu grand chose, les crêtes en avant de moi, très boisées, couvertes d'un taillis bas et épais, empêchant tout observation. A notre droite et à une petite distance, le chemin de fer court vers l'est, vers Stamboul, mais il est silencieux pour le moment. Plus loin, très loin dans le sud, apparaissent le golfe de Tchekmedjé, la mer de Marmara et, dans un infini fait de brume et de lumière blanche, une raie noire très nette : ce sont les premiers contreforts qui dominent Scutari et Haïdar-Pacha; c'est l'Asie!

Je reviens vers l'état-major à midi, heure du repas, et j'y rencontre le colonel Jostof qui, malgré son habituelle amabilité, ne peut répondre à mes pressantes questions qu'en m'encourageant à la patience : « Encore deux ou trois jours! » me dit-il. Tout à coup, vers le sud, se fait entendre un grondement sourd, très prolongé, pui un second, puis comme un roulement qui dure de deux à trois minutes.... C'est le canon des forts turcs! Cela dure pendant une heure environ, puis tout cesse. Sans doute, les défenseurs de la ligne fortifiée ont eu à ouvrir le feu sur des fractions avancées de la Ire armée! Mais partout ailleurs, rien!... le silence le plus complet!...

Je fais la connaissance de M. Tchaprachikof, secrétaire particulier du roi, qui vient d'arriver ici. L'interviewer est un peu délicat, cependant je sens à l'énergie de ses réponses qu'en haut lieu, aussi bien que dans les états-majors, *on veut* aller jusqu'à Constantinople.... L'armée le voudra-t-elle aussi?... Quel sera le résultat de ce heurt gigantesque où 150.000 Slaves se jetteront sur les débris des armées turques retranchés formidablement, paraît-il, derrière le Kara-Sou? Quelle sera l'issue de ce dernier acte historique qui décidera du sort final du vaincu et tranchera peut-être pour toujours la question d'Orient?

Pourquoi n'attaque-t-on pas encore?... Et voici que soudain mes yeux sont comme désillés : je vois successivement, lentement, très lentement, traînées par des bœufs ou des grands chevaux russes, déboucher près d'Ermeniköj, une, deux, trois pièces de gros calibres, puis d'autres derrière formant une longue colonne. Péniblement, attelages épuisés, chevaux rendus, les artilleurs bulgares forment le parc. Je m'approche et, me présentant à un grand capitaine, à la figure franche et ouverte, je lui demande la permission d'assister aux premiers travaux de sa troupe à l'arrivée au bivouac. Nous causons un peu de tout, mais principalement du mauvais état des chemins et des difficultés qu'il a dû surmonter pour arriver à jour dit sur la ligne de bataille. C'est une moyenne de 8 à 10 kilomètres par jour que ces batteries lourdes arrivent à parcourir.... Cela pourra paraître peu; néanmoins, pour quiconque les a vues traverser la forêt de Strandja et arriver à Ermeniköj, cela semblera encore prodigieux.

Mon interlocuteur, le capitaine Georguief, loue aussi sans réserve son matériel qui, peint flamblant neuf, est, malgré un mois de campagne, en aussi bel état que s'il sortait du Creusot. Ce sont des obusiers de 120 $^m/_m$ à tir rapide. Le poids de la pièce attelée n'atteint pas 2.000 kilogrammes et l'incidence de l'angle de tir qu'elle peut atteindre est telle qu'elle permet très aisément le genre de tir que l'on appelle du nom significatif de « tir d'écrasement ». Ce groupe de douze pièces lourdes va faire merveille demain sur les fortifications des lignes ottomanes.

Mais sera-ce pour demain? La journée se passe... triste, malgré le beau soleil radieux, car tous nous attendons.... nous voudrions voir et rien encore ne se passe....

CHAPITRE VIII

LES LIGNES DE TCHATALDJA

Reconnaissance sur le front. — Dispositions prises par l'armée bulgare. — Le dimanche 17 novembre. — L'attaque bulgare. — L'épuisement. — L'insuccès. — La canonnade.

Ermeniköj, jeudi, 14 novembre.

Hier soir sont rentrés fort tard le chef du bureau des opérations de la III° armée et le commandant de l'artillerie de cette même armée. Ils venaient visiblement d'une reconnaissance et, tout aussitôt après leur arrivée, le chef d'état-major acheva hâtivement de dîner et disparut allant au travail. De ces allées et venues, de l'apparition de l'artillerie lourde et enfin du défilé ininterrompu de la 9° division à travers Ermeniköj, je conclus que du nouveau était dans l'air et que d'ici peu nous entendrons le canon.

Je pars après déjeuner faire un tour sur le front, permission qui m'a été accordée par extra-ordinaire, paraît-il. Je ne regrette pas ma promenade: parvenu à Akalan, je trouve dans cette petite bourgade un fourmillement invraisemblable d'hommes, d'animaux, **de canons**, de chariots. Tous appartiennent à la 4ᵉ et à la 9ᵉ division. Je poursuis ma route droit vers l'est, en suivant une piste fraîchement aménagée qui me conduit sur la ligne de hauteurs dominant le Katartchi, entre Kastania et Dag-Jenidréköj.

Tout ce mouvement de terrain est couvert de troupes, les unes bivouaquées sur les pentes ouest, les autres en grand'garde, ou mieux en avant-postes de combat, déployées sur les crêtes dans de profondes tranchées, l'artillerie très enterrée, la gueule des pièces au ras du sol.

Le colonel Vassilief, commandant le 19ᵉ régiment et dont les unités occupent ce secteur, me conduit lui-même à son poste d'observation. Il faut s'y rendre à pied et en courant même, pendant quelques mètres, car hier les Turcs ont ouvert le feu sur deux hommes qui s'étaient profilés un peu trop sur la crête.

Nous atteignons ainsi une excavation creusée dans la terre, sur le revers même des pentes descendant vers le Katartchi et de là une vue splendide s'offre à nos yeux. Le regard s'étend de la mer Noire à celle de Marmara. Le Derkos-Golou au nord miroite comme une plaque de verre bleu, au sud, au contraire, la baie de Tchekmedjé apparaît comme une tache de lumière blanchâtre. A la jumelle, nous distinguons très nettement des navires de guerre ottomans mouillés près de Tchekmedjé. Ce sont eux qui ont tiré hier et avant-hier. Il y en a deux plus gros qui me paraissent être des croiseurs et deux plus légers, sans doute des destroyers ou des contre-torpilleurs. Le canon reprend d'ailleurs à ce moment de leur côté, mais il est impossible de discerner leur objectif.

Ce qui captive surtout notre attention, c'est la ligne fortifiée de l'ennemi que nous découvrons immédiatement devant nous. De place en place, des ouvrages très nombreux, mais d'importance assez médiocre, me semble-t-il, reliés entre eux par des tranchées. De la position bulgare, qui domine celle des Turcs d'environ une centaine de mètres, cela se précise aussi nettement que sur un plan en relief. On aperçoit les silhouettes des fantassins se détachant sur le sol d'un blanc crayeux des ouvrages. D'autres hommes, plus loin, sont occupés à des travaux de sape, plus loin encore.

dans une vaste plaine, des gens vont, viennent régulièrement alignés. L'on prétend autour de moi que ce sont les contingents d'Asie, Tcherkesses ou Kurdes, que l'on exerce au maniement des armes modernes et au déploiement sous le feu!... Tout à fait dans le lointain, des nuages gris, de la fumée, c'est la direction de Stamboul!

Et lorsque je redescends, je compare mentalement l'insouciance des Turcs, même en ce moment critique de leur histoire, ne prenant aucune précaution, ne masquant même pas leurs camps aux tentes blanches visibles de si loin, et l'activité des industrieuses fourmis bulgares, dont les uniformes marrons se confondent avec la terre qu'elles remuent avec tant d'ingéniosité.

Il est même étonnant de voir comment les Turcs laissent liberté à leurs adversaires de préparer leurs attaques, de concentrer leurs forces, d'amener leur artillerie lourde, sans tenter le moindre effort en avant de Tchataldja. A l'inverse de Kirk-Kilissé, où l'on devait se garder de se porter en avant pour résister, risquant, ainsi que cela est arrivé, d'être entraîné à perdre la place si l'on était battu, il fallait utiliser ici le terrain couvert de bois-taillis, traversé seulement par

Soldats turcs prisonniers, conduits par le capitaine Jostoff.

Convois bulgares.

quelques rares chemins, sortes de digues au milieu d'une région absolument inaccessible par ailleurs. Quelques unités légères, de simples compagnies d'infanterie opérant en partisans, chacune pour son compte, auraient causé un mal incalculable aux colonnes de l'envahisseur, retardant d'une semaine, peut-être de deux, la marche en avant pourtant si ralentie déjà.

Au lieu de cela, rien; pas un mouvement ! N'ayant plus que les seules difficultés du terrain contre elles, les armées bulgares sont venues insensiblement border la rive ouest du Katartchi et du Kara-Sou, avançant chaque jour peu à peu, relevant les unités de première ligne fatiguées par des troupes fraîches, amenant enfin leur artillerie lourde.

Ah ! ce groupe d'artillerie de 120 $\frac{m}{m}$! je l'ai rencontré ce soir, tandis que je revenais d'Akalan à Ermeniköj par l'unique et déplorable chemin qui joint les deux villages.

Parti des positions d'Akalan à la fin du jour, je comptais arriver largement à temps pour dîner, lorsque dans la nuit noire, au milieu d'une fondrière sans nom, où mon cheval se débattait péniblement, je fus arrêté par le groupe d'artillerie lourde qui, d'Ermeniköj, se portait en avant sur le front. Impossible d'avancer, de reculer; pris entre les pièces, les caissons, les chariots, je me jetai, vaille que vaille, dans le taillis où, au hasard, dans l'obscurité, glissant dans des marais, escaladant des rochers, tantôt suspendu par des branches au-dessus de trous que la nuit faisait plus profonds, roulant dans des fonds de ravin avec mon pauvre cheval qu'il me fallait tirer par la bride au milieu de cet infernal chaos, je me retrouvais, trois heures après, les vêtements en lambeaux, la figure et les mains en sang, à 1.500 mètres du point où j'avais quitté le chemin. Grâce à Dieu, pendant ce temps, le fameux groupe lourd était passé et ce n'est plus qu'au milieu d'une foule d'isolés de toute sorte, de chariots, de chevaux, de caissons attardés par les difficultés de la route, que je pus me frayer un passage jusqu'à Ermeniköj. L'état-major commençait à s'y trouver inquiet sur mon sort, craignant que j'eusse été victime d'une méprise quelconque de la part d'une sentinelle ou d'une patrouille. Après avoir rassuré mes trop aimables hôtes, je m'enfuis, sitôt mon repas absorbé, rêver d'une belle route ombreuse

où, dans une auto confortable, je faisais du 120
à l'heure.

Ermeniköj, vendredi, 15 novembre.

Grâce à quelques indiscrètes interviews, grâce
aussi à ma petite promenade d'hier, je commence
à avoir une idée de la façon dont la IIIe armée
bulgare se présente au combat. Elle a trois divisions en ligne : l'une, la fameuse 5e division du
général Christof, le héros de Bounarhissar, est
dans la région de Belgrad, orientée face à Tarfa,
mais elle ne doit pas s'engager immédiatement et
reste, en somme, disponible en réserve à gauche;
au centre, le général Sarafof, avec la 3e division,
occupe les hauteurs de Kalfakjöj, prêt à attaquer
le saillant que forme la ligne turque vers Dag-
Iénidréköj; à droite, enfin, de la IIIe armée, par
conséquent vers le centre du dispositif général, la
division du général Serakof; la 9e, vient de relever sur la première ligne, vers Akalan et Subat-
oujou, la 4e division du général Boïadieff, dont
les hommes, épuisés par les marches forcées des
jours précédents succédant aux efforts des dures
journées de Karaagatch, ont besoin de quelques
heures de repos. Cette 4e division se trouve donc

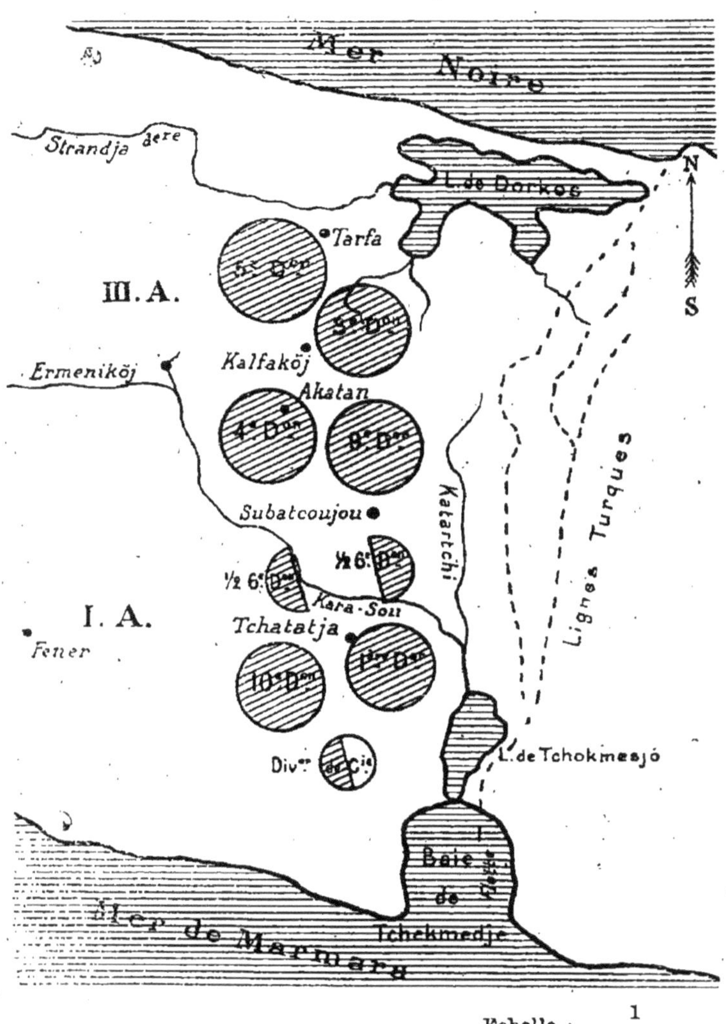

Disposition schématique des armées bulgares
avant la bataille de Tchataldja.

former de ce côté, en arrière de la droite de la
IIIᵉ armée, le pendant de la 5ᵉ à gauche; c'est une
réserve formidable de 45.000 hommes qui se
trouve à la disposition du général Dimitrief, et
prête à donner le coup de bélier final.

La droite de la ligne est tenue par la Iʳᵉ armée
dont le quartier général est à Fener. Son chef, le
général Koutintcheff, est venu hier à Ermeniköj
prendre les ordres du général Dimitrief. Les deux
chefs d'armée déjeunaient côte à côte en face de
nous; réellement, dans cette méchante petite salle
d'auberge, où se trouve la popote de l'état-major,
au milieu de toutes ces figures hâlées, aux barbes
incultes, aux cheveux trop longs, l'entrevue des
deux généraux, l'importance de leur rencontre,
donnaient à tout l'appareil qui l'avoisinait une certaine apparence de grandeur et de rudesse mélangées. Cela évoquait le souvenir de tableaux sem-
blables empruntés à notre histoire, aux temps
héroïques de la Révolution et des guerres de la
première République.

Il paraît que l'on attend incessamment le généralissime, le général Savof, qui doit venir jeter
le dernier coup d'œil, le coup d'œil du maître,
sur les préparatifs. Il paraît aussi, nous dit le

colonel Tautilof, commandant l'artillerie de l'armée, que tout est en place, les pièces à pied d'œuvre et déjà en batterie. All right! Mais pourquoi n'attaque-t-on pas encore? Le moment me semble arrivé et il est vraisemblable que les Turcs le pensent également, puisque aujourd'hui un parlementaire ottoman s'est présenté aux avant-postes de la Iʳᵉ armée porteur d'une lettre de Nazim pacha, le nouveau commandant en chef des armées de la Sublime Porte, successeur d'Abdullah pacha, le vaincu de Kirk-Kilissé. Ce parlementaire a d'ailleurs été éconduit sans être entendu, les généraux bulgares n'ayant aucune qualité pour traiter, ni négocier.

. . . .

Ermeniköj, dimanche, 17 novembre.

Les heures trop longues de la journée d'hier, l'énervante attente, le médiocre intérêt de l'arrivée du généralissime, le général Savof, tout cela disparaît au reçu de la bienheureuse nouvelle : « C'est pour demain! » C'est après le dîner que l'ordre nous parvient de nous tenir prêts à 7 heures et demie. Aussi ce matin, parés, équipés, sommes-nous en selle à l'heure dite derrière le général Dimitrief qui gagne avec son état-major le poste de commandement qu'il s'est choisi.

C'est d'ailleurs exactement le même point que j'avais visité deux jours avant à l'est d'Akalan.

Chemin faisant, j'apprends que l'engagement de toute l'artillerie, dont les objectifs ont été déterminés avec soin la veille, aurait dû se faire dès le lever du jour, mais que, par suite de causes diverses, il n'a pu en être ainsi. Cependant, en dépassant Akalan et en remontant le revers des pentes, quelques coups de canon isolés sont tirés et, comme si c'était un signal, de toutes parts d'autres coups répondent aux premiers; puis le bruit s'étend, déferle comme une vague du nord au midi, remplissant l'air de grondements qui, à la fin, forment un roulement continu fait de cent tonnerres éclatant à la fois.

Je cherche, en arrivant sur les crêtes, à discerner un ordre quelconque dans le tableau qui se déroule devant moi; mais, à prime abord, je ne vois rien qu'un véritable océan de fumée bleuâtre assez semblable aux fumerolles légères qui se dégagent de certains étangs et que forment ainsi les points d'éclatement mélangés des shrapnels turcs et bulgares. Cependant, petit à petit, je vois se former, sur quelques-uns des éperons que soulignent les tranchées et les ouvrages de l'ennemi, comme un demi-cercle continu de fumée incessamment renouvelée par l'explosion d'autres obus et d'autres obus encore. Je comprends que ces cercles me représentent autant d'éléments ou mieux de fronts d'attaque des diverses unités bulgares. Je compte ainsi cinq fractionnements différents qui sont vraisemblablement cinq zones d'attaque, toutes côte à côte. Ainsi se vérifie ce que le bon sens indiquait : encadrés à droite et à gauche par la mer, les Bulgares ne peuvent songer à déborder l'adversaire. Il leur faut attaquer partout, sur tout le front, avec une égale vigueur et lorsqu'une faiblesse, un trou quelconque se produira dans la ligne ennemie, y précipiter leurs réserves, agrandir ainsi la percée et pousser par la brèche jusqu'à Constantinople.

Je suis avec intérêt la marche progressive des shrapnels, surtout très visible vers notre droite du côté de la Ire armée. Il semble que par là on attaque très vigoureusement, car nettement l'intensité de la canonnade augmente vers le sud et, dans le thalweg du Kara-Sou, ainsi que sur l'éperon à l'ouest de Hademköj, la ligne des flocons blancs devient plus dense, plus épaisse.

A ce moment, nous avions tous nos jumelles fixées vers la droite, absorbés dans la contemplation de cette vague de feu et de fumée, qui, lentement, progressait, lorsque, dominant tous les bruits, un grondement plus puissant, d'une sonorité supérieure, roule en grandes ondulations au-dessus de la vallée. Cela vient de la mer ou mieux de la baie de Tchekmedjé où une épaisse fumée noire décèle la présence de navires de guerre. A la lorgnette, je ne peux en apercevoir qu'un d'assez grande dimension, gros croiseur, ou même peut-être cuirassé. En tout cas, ce navire est muni d'une artillerie puissante car, depuis son arrivée, le roulement formidable et continu de ses bordées domine le concert plus modeste des pièces de campagne.

J'ignore quelle influence ce tir a pu exercer sur la marche de la Ire armée, toujours est-il qu'à partir de ce moment le combat de ce côté me semble décroître d'intensité, tandis qu'au contraire il se poursuit avec vigueur en face de moi et plus au nord vers la gauche.

Exactement devant nous, s'élève une série d'ouvrages et de tranchées qui font face au village de Tchanakcha qu'occupent les Bulgares. Ceux-ci, tapis dans les ravins, les moindres replis qui descendent des crêtes d'Akalan où nous nous trouvons, tentent de progresser : quelques fractions d'infanterie réussissent à prendre pied sur la rive gauche du Katartchi. Mais ce mouvement est bientôt arrêté et dans le champ de ma jumelle je vois distinctement les soldats bulgares plaqués sur le sol au milieu d'un terrain jaune d'ocre que laboure en tous sens une véritable pluie d'obus. Dans l'intervalle de deux coups de canon, monte de la vallée un bruit de fusillade auquel se mêle le crépitement caractéristique des mitrailleuses. Non seulement l'infanterie bulgare ne progresse plus, mais il me semble même que les unités, quelques sections au plus, éparpillées dans le champ jaune, ne reçoivent aucun renfort, abandonnées à elles mêmes, dans leur pénible et misérable situation.

Il est clair qu'ici l'on ne veut pas s'engager davantage et que les gros des divisions sont soigneusement maintenus à l'abri des émotions de la lutte, poussant seulement quelques éléments en avant pour prendre le contact. Ah! ces enfants perdus jetés sur la berge ennemie, quelle énergie, quelle ténacité, quel mépris de la mort ne leur faut-il pas pour remplir ce rôle ingrat et terrible de planton exposé à tous les coups, sans pouvoir les rendre, véritables victimes offertes en holocaustes à la déesse de la Victoire!

Cependant l'artillerie bulgare, qui est relativement près de nous, contrebat celle des Turcs et tente, mais en vain, d'empêcher cette dernière d'anéantir les audacieux fantassins. Il y a là, du côté bulgare, deux groupes entiers, soit six batteries, et, un peu plus loin, tout le groupe de 120 $^m/_m$ installés sur les croupes à l'ouest de Kastania. L'artillerie turque, visible seulement par ses lueurs, semble masquée par le mouvement de terrain à l'ouest de Karadjali. Elle tire, sans discontinuer, en partie sur l'infanterie, en partie sur l'artillerie de la 9° division, vers Kastavia. Bientôt ce dernier village est la proie des flammes, une épaisse fumée monte presque verticale dans un ciel uniformément gris, encore assombri par la pluie qui tombe sans discontinuer. C'est en vain que le groupe lourd prend à partie l'artillerie ennemie et tire même sur elle à obus explosifs. Lorsque la fumée noire de la mélinite se dissipe, les éclairs brillants des batteries turques reprennent, à peine interrompus, et les shrapnels de s'abattre à nouveau dans la vallée. De guerre lasse dans ce coin, tout petit à petit se tait, ne tirant plus que par intervalles et comme à regret.

A ce moment, vers 2 heures du soir, l'intérêt s'est porté ailleurs, vers le nord, aux environs du village de Lazarköj.

C'est de ce côté, avais-je déjà pensé, que la grosse partie devait se jouer, car à tous les autres endroits l'accès de la position ennemie est difficile en raison du cours marécageux du Katartchi. Ici, tout au contraire, au point de partage des eaux qui sont à la mer Noire et à la mer de Marmara, la progression est aisée, rendue plus facile encore par de nombreux vallonnements parsemés de boqueteaux. C'est là que nous nous attendons au coup de force bulgare plutôt que partout ailleurs. Une longue chaîne d'infanterie avance par petits paquets, sortant du village de Lazarköj, qui a été enlevé dès le matin à 9 heures, et prend comme point de direction, le gros mamelon fortifié qui en est à trois kilomètres environ, au sudest. Ce mamelon est couronné par une caserne qu'entoure un vaste champ de manœuvres où, il y a deux jours, je voyais encore les Turcs faire l'exercice. Ce point me paraît être le nœud de la question, car l'assaillant, maître de ce mouvement de terrain, peut de là prendre à revers et d'enfilade l'ensemble des lignes de Tchataldja qu'il domine complètement.

Cependant les troupes ottomanes ne sont pas prises au dépourvu, car une série d'éclairs illuminent le ciel gris, tout à l'entour du mamelon de la caserne et les shrapnels de tomber dru dans le thalweg qui remonte de Lazarköj vers l'est. Là encore, l'infanterie bulgare est arrêtée, bien que son artillerie s'efforce de rechercher l'emplacement exact des batteries ennemies de la caserne et d'arrêter leur feu sans d'ailleurs y parvenir (Voir les panoramiques).

La nuit tombe bientôt sur tout cela, il est 5 heures. La première journée de la bataille de Tchataldja est terminée! L'infanterie bulgare a progressé avec ses fractions de tête mais gardant ses masses à l'abri en arrière. Presque partout cependant, les chaînes de tirailleurs ont atteint le pied des pentes orientales où elles sont terrées à quelques centaines de mètres des tranchées turques. L'artillerie, qui ne m'a semblé appuyer son infanterie que timidement et sans exécuter un seul

de ces feux si redoutables appelés tirs d'efficacité
que permet le canon à tir rapide moderne, s'est
tue depuis longtemps, satisfaite sans doute d'avoir
contraint l'artillerie ennemie à dévoiler ses batteries. En résumé, cette première journée ne m'a
pas laissé l'impression d'une offensive mordante
comme celle que jusqu'alors on semblait avoir
prêtée aux Bulgares, mais bien plutôt celle d'une
série de coups d'épingle faits pour agacer l'ennemi, découvrir sans doute son point faible et en
profiter demain pour le combattre avec plus de
chances de succès.

Je ne me permettrai qu'un mot de critique,
c'est que cette manière de faire ne me paraît pas
exempte de défauts : le plus grave est qu'il amène
l'assaillant à engager un combat qui n'a pas la
prétention d'en être un, tout en conservant celle
d'amener un résultat. Or, le seul résultat à viser
est l'anéantissement de l'adversaire, le seul moyen
à employer c'est de le frapper violemment à la
face, quelle que soit sa force, jusqu'à ce qu'il
demande grâce. Le reste n'est rien, qu'une sorte
de hors-d'œuvre dispendieux en hommes et en
munitions, incapable d'assurer une solution définitive.

Et songeant à tout cela, je me retourne une dernière fois avant de redescendre sur Akalan et Ermeniköj et, en face, je vois, dans le champ jaune où sont les fantassins bulgares collés au sol, deux hommes courir, courir, puis tomber, tandis que là-bas un cavalier roule avec sa monture dans une gerbe de poussière et de fumée pour ne plus se relever et que, dans le lointain, les shrapnels continuent à piqueter d'éclairs brillants un ciel toujours plus gris, toujours plus terne, toujours plus maussade.

Ermeniköj, lundi, 18 novembre.

Ce matin, avant de repartir pour le front, j'apprends que les Bulgares ont réussi à enlever, pendant la nuit, trois ouvrages de la gauche de la ligne ennemie, notamment le fort dit fort numéro VII. Ce dernier se trouve presque en face du poste de commandement du général Dimitrief; c'est lui que je découvrais hier si nettement avec le fameux champ jaune situé devant, où les fantassins s'étaient terrés sous un feu terrible d'artillerie.

Voilà réellement, pensais-je en me dirigeant

vers Akalan, une infanterie qui a du mordant, de ce mordant dont l'absence, peut-être voulue la veille, m'avait inspiré des réflexions pessimistes.

Chemin faisant, **je rencontre une longue colonne de blessés**, revenant du front par deux ou trois ensemble, péniblement, s'appuyant qui sur un bâton ou sur son fusil, qui sur l'épaule d'un amis moins grièvement atteint. Ils ne se plaignent pas, cependant leurs yeux fiévreux, leurs traits tirés trahissent la douleur. Quelques-uns tombent, ne pouvant plus avancer. L'un d'eux est mort, sans doute, sur la route, car il est allongé et ne bouge plus, les yeux grands ouverts, la tête tournée vers le ciel. Presque tous portent la casquette à bandeau violet, la patte d'épaule de même couleur marquée de la lettre B qui est le V russe. C'est le 17° régiment du grand-duc Vladimir de Russie. J'en rencontre plus de trois cents, triste et malheureux cortège, contraste navrant, dans sa désolation, des misères et des malheurs que le champ de bataille laisse ainsi derrière lui.

Il pleut d'une façon incessante et la brume couvre tout, à un point tel que c'est à peine si l'on y voit à une centaine de mètres autour de soi. Et

A Salonique. — L'arrivée du tsar Ferdinand de Bulgarie.

A Salonique. — Une place publique.

A Salonique. — L'arrivée du tsar Ferdinand de Bulgarie

cependant le canon tonne, il n'a guère arrêté de
toute la nuit, me dit-on. Je me demande néanmoins, et quelle que soit l'exactitude du repérage
qui du reste hier à la tombée de la nuit m'a semblé
plus qu'approximatif, comment les artilleurs
peuvent-ils employer efficacement leurs projectiles. Perdu au milieu de la nuée qui m'environne
de ses flocons impénétrables, je prête l'oreille aux
mille bruits qui montent de la vallée. Non seulement le canon gronde, mais une fusillade intense
d'une violence croissante crépite, dominant tout.
Que se passe-t-il? Désespéré de ne rien voir, je
m'esquive du quartier général et je me lance
au hasard dans le brouillard pour tenter au moins
d'apercevoir quelque chose. J'erre ainsi longtemps, complètement perdu, égaré, tantôt près,
tantôt loin des bruits que le combat jette aux
échos, lorsque sur le chemin que je suis au fond
d'un thalweg, une nouvelle colonne de blessés
apparaît, tout aussi lamentable et triste que la
première, tout aussi douloureuse. Les hommes appartiennent au régiment du prince Boris et portent une casquette à bandeau jaune. Je consulte
rapidement mon carnet où se trouve inscrit l'ordre de bataille des divisions bulgares et je vois

que ce régiment, le 4ᵉ, forme brigade avec le 17ᵉ
dans la 9ᵉ division.

Or, c'est elle, m'a-t-on dit, qui a attaqué le fort
nᵒ VII et qui l'a pris. Mais est-ce pressentiment ou
autre chose, toujours est-il que, voyant la fusillade
redoubler d'intensité et se rapprocher distinctement de moi, ces hommes arriver, comme à peine
sortis encore de l'émotion de la lutte, je me prends
à douter de l'affirmation, cependant si nette, qui
m'a été faite du succès des Bulgares en ce point.

A ce moment, la pluie cesse et les nuées s'éclair-
cissent autour de moi. Je regagne le poste de
commandement d'où la vue est plus étendue, plus
claire et, la première chose qui me frappe, est la
persistance des schrapnels turcs à labourer le terrain entre le fort nᵒ VII et les hauteurs qui nous
en séparent. Puis les flocons des éclatements d'o-
bus franchissent ces crêtes et, progressant régulièrement, en recouvrent le revers, descendent dans
le petit thalweg où je me trouvais tout à l'heure et
commencent à remonter vers nous.

Il y eut, je dois le dire, une certaine agitation
autour de nous. Le calme ne me parut pas à ce
moment être la qualité dominante à l'état-major
de la IIIᵉ armée. Une ambulance établie dans un

vallonnement en avant de nous reçoit deux shrapnels qui mettent son personnel en émoi. En même temps passent tout à l'entour un nombre d'hommes considérable du 4ᵉ régiment, qui tous, plus ou moins blessés, refluent vers l'arrière.

Très curieux de connaître la raison de ces divers mouvements, je vais indiscrètement cueillir des renseignements auprès d'un des officiers de l'état-major qui m'a toujours très aimablement informé et voici ce que j'apprends. La première brigade de la 9ᵉ division avait reçu la veille comme objectif d'attaque le fort n° VII, qui est sur un mamelon à l'est de Tchanakcha. Dès son débouché au delà du Katartchi, elle dut stopper, arrêtée net dans son élan par un feu terrible d'artillerie et aussi d'infanterie. C'est là que je la vis hier tapie dans ce grand champ jaune que labouraient les obus. Le soir, vers 10 heures et demie, elle se lance à l'attaque et parvient, mais au prix de grosses pertes, à entrer dans l'ouvrage et dans les tranchées avoisinantes. Vers les 2 heures et demie du matin, une première contre-attaque turque s'efforce de rejeter les vaillants régiments bulgares. Les Turcs échouent dans leur tentative, mais restent jusqu'au jour à une cinquantaine de mètres de leurs adversaires. A ce moment le brouillard ne leur permet guère de pousser davantage et l'on reste de part et d'autre à échanger des coups de fusils de très près. C'est cette vive fusillade que j'ai entendue tout à l'heure dans la brume.

Lorsque le brouillard se lève, le 4ᵉ régiment se trouve soudain dans la situation suivante qu'il avait prise inconsciemment au milieu des nuées épaisses qui l'entouraient : d'une part, en avant, des fantassins turcs; d'autre part, sur sa gauche, un vallonnement très ouvert que battait parfaitement et d'écharpe l'artillerie ennemie. Ce malheureux régiment avait déjà perdu une partie de ses officiers; son chef, le colonel Kiriakof, à qui deux jours avant j'avais serré la main, est tué à ce moment : les hommes reculent en désordre, beaucoup d'entre eux restent sur le terrain. Une partie du 17ᵉ est entraînée dans ce mouvement en arrière. Les obus turcs les poursuivent, dépassant la crête qui s'étend en avant de nous, ils couvrent d'éclats les voitures de l'ambulance qui était abritée dans le ravin et remontent les pentes jusqu'à notre hauteur. L'instant est évidemment critique. Mais une brigade de la 4ᵉ division, jusque-là maintenue en réserve, est jetée immédiatement en avant et rétablit l'équilibre, poussant à nouveau sur l'ouvrage n° VII.

A ce moment le combat se poursuit, mais traînant, indécis, mou, lent, comme la veille, et la pluie qui reprend étend sur les choses et les gens son voile gris que cependant les éclairs incessants des pièces turques et bulgares continuent à trouer de leurs lumineux éclats. Je quitte le poste de commandement sans trop de regrets, mais désormais sceptique sur les succès continuellement affirmés des Bulgares et ayant l'impression que, cette fois, les Turcs tiennent et tiennent bon.

Au moment du repas à Ermeniköj, une longue conversation que j'ai avec le colonel Jostoff me laisse une impression de pessimisme plus accentuée encore. Je dirai même plus, elle m'étonne : le colonel, visiblement envoyé en mission près de la presse française qu'à nous quatre nous représentons, nous confirme officiellement l'échec du régiment du prince Boris. Puis il nous avoue une chose que depuis longtemps nous avions pressentie, vue même, mais que la censure nous avait toujours empêché de dire dans nos lettres : la dysenterie, dont les ravages progressent avec une rapidité foudroyante, abat les effectifs de l'armée bulgare qui fondent et s'amoindrissent dans une proportion énorme.

« Que faire? » nous dit le chef d'état-major de la IIIᵉ armée sans conclure. Il ajoute, d'autre part, que vraisemblablement l'attaque sera suspendue demain, ce qui me paraît tellement étonnant que je me permets de le lui faire répéter. Elle ne reprendra, paraît-il, que d'ici quelques jours.

La dernière partie de cette conversation attristante me parut cependant être un dérivatif destiné à nous orienter faussement sur l'importance, au contraire décisive, peut-être, de la journée qui allait commencer. Je ne voudrais pas ici écrire des jugements trop hâtifs pour être certains, ni non plus dire des choses désagréables au sujet de nos hôtes qui, à l'exception de l'intolérable méfiance dont ils ont fait preuve à notre égard, méritent cependant complètement nos sympathies et l'amitié de la France; cependant, je répète que je ne puis croire à la pusillanimité qui pourrait paraître se faire jour dans le pseudo-communiqué officiel du colonel Jostoff. Une attaque commencée ne s'arrête pas ainsi sur un simple échec d'avant-garde, ni sur la menace depuis longtemps évidente, d'une épidémie de dysenterie. Il s'agit pour les Bulgares d'aller à Constantinople, aucun sacrifice ne saurait donc être de trop pour aboutir à un pareil résultat. L'obstination est la première vertu d'un chef d'armée et nous ne pouvons croire que l'homme qui, pendant six jours à Bunar-hissar et à Lülle-Bourgas a engagé la totalité de ses troupes, sans réserve aucune, mettant d'un seul coup dans la balance son armée tout entière, renonce aujourd'hui, en face d'un échec partiel et sous la raison, à lui connue depuis longtemps, de la maladie, au succès d'une partie où le sort de la Bulgarie est en jeu, alors qu'actuellement trois divisions, soit plus de 60.000 hommes, n'ont pas encore été engagées!

Non! le général Radko-Dimitrieff ne pourrait commettre cette erreur, car il ne serait plus lui-même!... Il faut donc que la diplomatie entre en jeu!

Ermeniköj, mardi, 19 novembre.

Le canon continue à gronder dans le lointain, avec une insistance telle même que je me prends à penser que, contrairement à ce qui nous a été dit hier par le chef d'état-major, la bataille se

poursuit plus ardente, plus violente, que l'effort
doit être plus décisif. Je brûle d'impatience de ne
pouvoir monter à cheval et courir là-bas, mais il
est impossible de bouger, car nous sommes gardés
à vue ou peu s'en faut. La canonnade s'enfle au
loin, l'on distingue également les coups plus sourds
mais plus prolongés des bâtiments de guerre, dominant les détonations sèches des canons de campagne. Je dévore mon impatience, quand, à mon
grand étonnement, je vois passer le général Dimi-
trieff devant les bureaux de l'état-major, alors
que je le croyais depuis longtemps rendu au poste
de commandement. Nous aurait-on, par hasard,
dit la vérité hier, et cette canonnade cependant si
violente, ne serait-elle qu'un leurre, sorte de feu
d'artifice en face des lignes turques, tenant les
troupes ottomanes toujours en haleine, dans l'inquiétude que peut susciter chez l'ennemi la menace constante d'une attaque et permettant aux
fantassins bulgares de consolider leurs positions
si péniblement acquises?

Peut-être? Comment savoir, puisque l'on vous
retient ainsi prisonniers? Cependant, tout autour
du quartier général, arrivent des blessés revenant
du front. Ils appartiennent à la 3e division qui a

donné hier sur les ouvrages du nord. Par eux j'arrive à reconstituer ce qui s'est passé; après en avoir également causé avec le chef d'état-major, je puis en donner la version suivante, qui me paraît être la plus vraisemblable.

La III° division avait pour objectifs d'attaque les villages de Lazarköj et de Dag-Jenidjeköj, ainsi que les ouvrages qui se trouvent à l'est. Pendant la journée du 17, l'infanterie bulgare progressa assez facilement jusqu'aux villages qui, à 10 heures du matin, étaient pris; mais elle eut beaucoup de peine à en déboucher sous un feu relativement nourri d'artillerie. Toute cette partie du combat ne m'avait du reste pas échappé avant-hier et je l'ai racontée plus haut. Je m'étais même étonné de voir cette infanterie se plaquer si vite sur le sol en face d'une lisière de bois, au delà de laquelle s'entrevoyaient les zigzags des tranchées turques. Hier, je m'étonnais encore plus de la voir exactement au même point, depuis 3o heures que la bataille était engagée, alors que l'on nous avait annoncé, à grand fracas, le matin, la prise des ouvrages ennemis dans cette zone, en particulier de l'ouvrage n° II qui se trouve au débouché de Lazarköj.

Or, voici ce qui s'était passé : de même que la 9ᵉ division à droite, la 3ᵉ avait tenté des attaques la nuit et au petit jour, dans le brouillard, sur les lignes turques; elle s'était emparée des tranchées situées au milieu du bois. Un bataillon du 29ᵉ avait même pénétré dans l'ouvrage n° II, ouvrage d'infanterie entouré de fils de fer. Une lutte à la baïonnette s'y était engagée entre les deux compagnies turques qui l'occupaient et ce bataillon où force serait restée à ce dernier. Mais peu soutenu, et en vérité l'on doit se demander pour quelle raison il ne l'était pas, ce bataillon se serait trouvé au bout de quelque temps à court de munitions. A ce moment, menacé d'une forte contre-attaque turque, il aurait été contraint de se retirer précisément au moment où le brouillard se levait. Il y eut, paraît-il, une erreur, en somme fort vraisemblable, chez les artilleurs bulgares, qui canonnèrent leur propre infanterie battant en retraite. On ne me l'a pas avoué explicitement, mais je le conçois sans peine, il y eut alors un peu de désarroi dans la 3ᵉ division, qui reprit cependant ses positions de la veille, où je la retrouvais en même place que si elle n'avait pas bougé.

Or, cet échec coïncidait avec celui du régiment

du prince Boris au centre. Les pertes étaient cruel-
les, certaines compagnies, me raconte un blessé,
ont perdu tous leurs officiers, leurs gradés et la
presque totalité de leur effectif. On me cite une
compagnie du 29ᵉ réduite à treize hommes. On
conçoit dès lors assez bien l'hésitation qui se produisit dans le commandement croyant, semble-t-
il, la veille de l'engagement général à une résistance médiocre de la part des Turcs et se trouvant
inopinément devant un nouveau Plevna.

Ce dernier effort, dont on se riait presque, il y
a quelques jours, tant il semblait léger à côté des
coups de force de Kirk-Kilissé et de Bounarhissar,
fut tel qu'il a brisé la force offensive de deux
armées jusque-là victorieuses, et laissé les Bulgares haletants, hors d'haleine, rendus. Et cependant, je continue de dire que cet échec aurait pu,
mieux même, aurait dû être évité. A aucun moment de la bataille de Tchataldja je n'ai vu une
attaque, une véritable attaque, précédée d'une concentration des feux de l'artillerie et suivie d'une
poussée incessante de l'infanterie. Pourquoi? Par
ce qu'outre la maladie, l'épidémie, le choléra me-
naçant, toutes choses d'ailleurs qui existent à un
degré sans doute pire chez les Turcs, il a manqué

aux Bulgares ce souffle, ce cœur qui les avait faits vainqueurs jusqu'ici. Ces gens-là sont épuisés; l'élan qui les avait poussés jusqu'à Tchataldja pouvait, à la rigueur, les porter jusqu'à Constantinople, à condition toutefois qu'aucune digue ne vînt leur faire obstacle. Or, les Turcs, incessamment renouvelés par des contingents nouveaux venus des profondeurs de l'Asie, semblent s'être ressaisis en face du danger extrême qui menace l'Islam. Hier, non seulement ils ont fait front, mais ils ont rejeté les régiments bulgares des positions que ceux-ci avaient enlevées et ce simple mouvement a été la condamnation définitive, le *veto*, qui ferme la porte de Stamboul aux Slaves à bout de forces.

L'armée bulgare n'entrera pas à Constantinople, car maintenant elle n'a plus le cœur nécessaire pour le faire, et ce qu'il y a de mieux pour elle, c'est de traiter. Un raisonnement militaire rigoureux dirait qu'il faut être obstiné, reprendre l'attaque, la poursuivre envers et malgré tout. Mais alors il eût fallu la commencer avec ce même cœur et la continuer toujours jusqu'à solution complète, malgré l'échec de la 3e division et le désastre du 4e régiment du prince Boris. Il eût

fallu surtout ne pas interrompre l'attaque aujour-
d'hui, en la laissant dégénérer en cette canonnade
inutile, dont les derniers grondements s'apaisent,
tandis que, navrés, les officiers bulgares baissent
la tête en songeant au beau rêve brisé. Le tsar
Ferdinand ne chaussera pas ses bottes rouges dans
la mosquée de Sainte-Sophie redevenue chrétienne
et jamais l'armée slave ne campera aux rives du
Bosphore.

Et le canon gronde encore, presque plus fort,
presque plus furieusement qu'hier; dernier effort,
dernière menace que vainement et inutilement se
jettent l'un à l'autre deux adversaires épuisés;
puis le roulement lointain décroît, reprend un
peu et enfin se tait dans l'air calme d'un soir
radieux d'Orient où la nuée grise de la veille, définitivement chassée par le vent du sud, a fait place
à un firmament bleu sombre, tout parsemé d'é-
toiles.

Les Bulgares ont perdu la bataille de Tchataldja.

CHAPITRE IX

SUR LE CHEMIN DU RETOUR

Avec les blessés de Tchataldja. — Le grand quartier général
du roi à Kirk-Kilissé. — Retour à Mustapha-Pacha. —
Andrinople assiégée.

Kirk-Kilissé, samedi, 23 novembre.

Je viens de vivre des heures douloureuses en
compagnie de blessés de Tchataldja. Ils sont plus
de 8.000, en dehors des morts et des disparus.
Sur ce chemin de souffrance qui mène du champ
de bataille à l'ambulance, on s'avance le cœur
navré, d'infortunes en infortunes, de douleurs en
douleurs, hélas ! souvent même, de trépas en trépas.

Malades, dysentériques et blessés, tous sont jetés
pêle-mêle dans un train et ils roulent, pauvre
loque humaine, entassés dans un convoi, sur des
trucs, sur le toit même des wagons. Ils vont vers
le nord, sans savoir quand on arrivera, avec le
vague espoir que là-bas, à Lozengrad, on les logera
peut-être, on les nourrira, on les soignera ! Ils

n'ont rien mangé... ils ont soif... Mais que faire pour soulager ces malheureux ? Nous n'avons plus rien nous-mêmes et nos dernières ressources épuisées disparaissent bientôt, trop faibles pour un aussi grand nombre d'affamés.

Alors la guerre, que je trouvais si belle, si noble, si glorieuse enfin, lorsque, chez une nation comme les Bulgares, l'enthousiasme d'un peuple s'allie pour la conduire à la cause sacrée de sa liberté et de son indépendance, la guerre m'apparaît détestable maintenant qu'autour de moi tout n'est que souffrances ou détresses en apparence inutiles.

Ainsi s'en allaient mes pensées dans cette nuit navrante où, sans dormir, nous nous serrions étroitement les uns contre les autres au milieu d'un wagon, tandis qu'à l'entour gémissaient des blessés, râlaient des agonisants, semblaient dormir les morts.

Notre train avait été formé à la petite gare de Sinekli, avec tout le matériel disponible. Il était remorqué par une locomotive turque si vieille et si misérable avec son sifflet de bête poussive essoufflée, que nous nous demandions si jamais elle parviendrait à ébranler notre lourd convoi.

Batterie lourde sur trucs.
Au loin, coupoles Schumann sur trucs.

Coupoles Schumann (Krupp), canons à tir rapide de 57 $^m/_m$.

Batterie lourde de canons Krupp sur wagons.

Matériel d'aviation sur trucs.

Lentement, très lentement, les heures passèrent, le jour vint près de Baba-Eski montrant sur les toits des wagons des formes humaines, des gens agrippés les uns aux autres de peur d'être jetés à terre au moindre cahot et gémissant plaintivement, attendant anxieusement l'arrivée.

C'est ainsi que je quittai l'état-major de la III⁰ armée et le général Radko-Dimitrief pour revenir à Kirk-Kilissé où le grand quartier général et le roi venaient de s'installer, se trouvant ainsi plus à proximité des armées en opération. Mes adieux au commandant de la III⁰ armée n'ont pas été sans quelque émotion; je dois à l'extrême cordialité dont personnellement j'ai toujours été l'objet de sa part un remerciement tout particulier au général Dimitrief. D'avoir fréquenté de très près cet homme, aujourd'hui célèbre dans toute l'Europe, d'avoir été admis constamment à sa table où il m'a traité en véritable frère d'armes, d'avoir partagé ses espoirs, ses angoisses, ses peines et ses joies qui, s'il ne les exprimait pas aussi ouvertement que sans doute lui-même l'aurait désiré, n'en demeuraient pas moins sensibles pour moi, d'avoir vécu sa vie enfin, dans des circonstances ausi graves, me crée plus qu'une obliga-

tion, un véritable devoir, de dire l'admiration profonde que m'inspire Radko-Dimitrief. Ses paroles d'adieu resteront toujours présentes à ma mémoire : « Allez, monsieur, me dit-il, vous
« allez bientôt revoir la France! Dites bien à
« l'armée française que nous l'aimons et que
« nous cherchons toujours à l'imiter. Elle est
« notre miroir (*sic*). Tout ce que nous avons
« tenté de faire ici est inspiré de vos méthodes
« et nous avons étudié la guerre en étudiant Bon-
« nal et Langlois. Vous avez vu nos régiments à
« l'œuvre. Leur aspect est quelquefois négligé et
« ne plaît pas toujours à l'œil. Mais nous sommes
« pauvres et, avant de donner un uniforme à nos
« soldats, nous leur donnons d'abord un fusil et
« des cartouches. Le cœur fait le reste et vous
« avez vu qu'il a bien fait jusqu'à présent. Il
« y a véritablement quelque chose dans l'âme
« des Bulgares qui combattent ici et ce quelque
« chose c'est le souvenir et comme le reflet d'une
« foi patriotique semblable à celle qui anima jadis
« des Volontaires français de 1792! » Trop ému pour répondre, je m'inclinai sans mot dire, et je serrai une dernière fois la main que le général me tendait.

Je me rends tout d'abord à Sinekli, petite station située à 25 kilomètres à l'ouest de Tchataldja et qui sert en ce moment à la fois de gare de ravitaillement et de gare d'évacuation pour les deux armées. Déjà sur la route et surtout en arrivant, c'est une cohue indescriptible, un fouillis inextricable. Dans la cour de la gare sont assis ou étendus à terre, autour de grands feux, près de six cents blessés; on en attend d'autres encore. Près d'eux, presque au milieu d'eux, le service de l'artillerie décharge des munitions, des obus particulièrement en quantité considérable. C'est un rapport lamentable de la cause à l'effet, exposé d'une façon saisissante par la brutalité des contrastes. Plus loin, des contagieux que l'on isole au moyen d'un cordon sanitaire très vigilant. J'ai le malheur d'approcher inconsciemment de la zone interdite et tout aussitôt je suis écarté rudement par une sentinelle.

Me dirigeant vers la station, je retrouve un de mes amis de Mustapha-Pacha, le capitaine Popof, un ancien élève de notre Ecole de guerre. Très jeune encore, à l'air fin et charmant, c'est certainement un des officiers les plus distingués qu'il m'ait été donné de rencontrer dans l'état-

major bulgare. Il fait partie de cette section du
grand quartier général qui a pour mission de
traiter la question si délicate des chemins de fer
de campagne. On vient de l'envoyer ici pour organiser la gare, la mettre en état de fonctionner
au double point de vue ravitaillement et évacuation. Puis, quand cette besogne ingrate sera terminée, on l'enverra un peu plus loin en organiser une autre. C'est ainsi qu'il a déjà procédé à
l'installation des gares de Dimotika, de Tchorlou
et de Tcherkesköj. Besogne ingrate, ai-je dit,
mais combien utile, combien indispensable! Nul
ne dira jamais assez ce que les quatre pauvres
petites machines turques abandonnées sur la ligne
et les quelque deux cents wagons saisis à la fin
d'octobre par les Bulgares à Baba-Eski et à Lozengrad ont sauvé d'existences!... L'on ne saura
jamais trop non plus comment, la chaîne des ravitaillements de l'armée bulgare se trouvant à bout
de course, les convois de chariots à bœufs restant embourbés au milieu de la terrible route
forestière de Strandja, les distributions de vivres
manquant depuis deux jours, ces mêmes wagons,
poussés jusqu'à Tcherkesköj d'abord, puis à Sinekli ensuite, après que la voie eut été réparée, per-

mirent d'apporter du pain à 150.000 hommes qui n'en avaient plus.

Et ici, au milieu de cette gare en désordre, encombrée de matériel, de blessés, de munitions de toute sorte, quelle impression étrange ne ressent-on pas en voyant subitement devant soi cette chose vivante et cependant inerte, le rail, ce long ruban de fer qui nous relie encore aux régions paisibles et civilisées! Quel cri de joie n'avons-nous pas étouffé quand, au-dessus des arbres de la forêt, apparut le léger panache de fumée blanche de la petite locomotive qui traînait un lourd convoi de pain et de cartouches, et qui tout à l'heure devait emmener notre train d'agonisants et de blessés!

Parmi ceux-ci tous, en effet, n'arriveront pas au port. Beaucoup de ceux qui se pressent avec nous dans les wagons sont assez légèrement atteints pour supporter sans trop de souffrances un trajet assez long. Mais combien en aurait-on dû laisser dans les tentes des hôpitaux de campagne, dussent-ils y mourir! Un pauvre lieutenant du 31° vient d'expirer là, tout à l'heure, sur le chariot à buffles qui le conduisait à la gare; un autre, les reins brisés, pousse des cris de douleur qui domi-

nent le bruit même du train. Il hurle ainsi presque la nuit entière. Un autre meurt à nos côtés,
sans un mot, sans un gémissement. Pourquoi
avoir emmené ces gens? Ils sont inévacuables.
Pourquoi nul médecin avec eux pendant la route?
Pourquoi une seule infirmière à Sinekli, alors que
le personnel de toutes les Croix-Rouges européennes est déjà rendu à Kirk-Kilissé depuis longtemps?

Et dans ce train trop étroit, quelle lutte atroce
entre l'égoïsme de l'un et le sauvage désir de
l'autre! Celui-ci veut prendre l'eau du bidon de
celui-là.... Tel autre, dont la jambe est brisée, ne
peut monter seul en wagon; il implore les plus
valides d'une voix suppliante, mais nul ne l'écou-
te... on intervient cependant et place lui est faite
sur un truc découvert, où gît étendu l'officier
mort tout à l'heure avant d'arriver à la gare.

L'obscurité étend son voile sur tout cela et nous
partons. Sous les reflets grisâtres de la lune qui
n'apparaît qu'à de rares intervalles au milieu des
nuées qui l'entoure, notre train glisse dans la
nuit, vision infernale de la douleur et de la mort,
charroyant lamentablement tous ces pauvres êtres
sur le chemin de la souffrance.

A Kirk-Kilissé, je quitte hâtivement la gare et je me rends à la Place, pour recevoir un logement. Tout est réglé d'une façon parfaite et l'on sent que « l'organisation » a fait des progrès depuis le 4 novembre où je passais ici. Officier, correspondant de guerre, isolé de toute nature, la Place nous remet un billet de logement qui, pour quelques nuits, nous assurera un toit et un abri. J'obtiens de retourner chez mes amis hellènes les marchands de vin; ceux-ci m'accueillent avec de grandes démonstrations de joie. Toutefois, s'ils paraissent heureux de revoir un Français parmi eux, ils semblent moins satisfaits de leurs nouveaux maîtres les Bulgares et nous avouent sans détour qu'ils regrettent les Turcs qui buvaient sec et payaient bien. Les Bulgares se contentent de boire et même de chaparder, trop heureux quand on peut obtenir d'eux un bon de réquisition. « Désirez-vous des cigarettes, me demande un jeune candidat officier employé au bureau de la Place? » Et comme je me récrie devant une offre aussi gracieuse, il me dit avec quelque ironique douceur qu'un bon de réquisition est bien vite signé et que le tabac turc ne coûte pas grand chose. Après quoi il me met entre les mains deux paquets d'un tabac doux et parfumé que, sans aucune pudeur, j'accepte incontinent.

Je me rends ensuite, en compagnie d'Henri Bernard, au grand quartier général installé dans l'ancien casino des officiers turcs. Nous sollicitons tous deux une audience du général Fitscheff et lui exprimons le désir que nous avons de regagner Mustapha-Pacha; puis, si comme nous le pensons, les négociations dont on parle encore à voix basse aboutissent, de quitter le théâtre des opérations et de revenir en France.

Très aimablement reçus par le major-général, nous ne rencontrons, je dois dire à notre grande surprise, aucun obstacle à nos projets. Les Bulgares sont subitement devenus moins méfiants! On accède à tout! nous pouvons aller partout!... Il y a certainement quelque chose de changé ici... la guerre doit être finie!...

Comme nous sortions, nous rencontrons le tsar Ferdinand : à pied, la tête un peu voûtée, il se promène avec son secrétaire, M. Tchaprachikof, revenu cette nuit avec nous d'Ermeniköj; il a l'air visiblement préoccupé, ses traits sont fatigués, creusés de nombreuses rides; de temps à

autre, il a comme un geste de lassitude qui lui
échappe....

Mustapha-Pacha, lundi, 25 novembre.

Je viens de franchir en trois jours la route si
pénible et si longue que j'avais mis presque une
semaine à parcourir, lorsque, me hâtant cependant, je m'efforçais de courir à la poursuite de la
légendaire armée de Radko-Dimitrief. A ce moment, hélas, je ne pouvais faire que les buffles de
mon chariot allassent plus vite et que les longs
convois qui obstruaient les chemins marchassent
moins lentement.

Avant de quitter Lozengrad, je pris congé du
major Lefterhof qui, toujours, très courtoisement,
avait rempli l'ingrate fonction de diriger la section de censure de l'état-major général. Il avait dû
bien souvent calmer le zèle intempestif de ses
administrés, jeunes linguistes affublés pour la
circonstance d'une capote grise insuffisante à leur
donner un air vaguement militaire et qui, dans
leur ardeur junévile, commençaient, de parti-
pris, à rayer nos pauvres lettres dans la proportion d'un mot sur deux.

« Eh quoi! vous nous quittez? » me dit-il. « Voyons, mon commandant, lui répondis-je, « vous êtes la dernière personne à qui je me per-« mettrais d'apprendre que, si désormais il y a un « coup de canon à tirer, c'est à Andrinople qu'on « le fera et non plus à Tchataldja! » Il sourit et, sans répondre à mon exclamation, me souhaita bon voyage et bonne route.

Nous partons... au lieu des buffles à pas lents et mesurés, notre charrette légère, vigoureusement enlevée par deux chevaux bulgares, petits mais nerveux, vole sur l'argile durci des routes jadis si mauvaises. J'observe que dans la banlieue de Kirk-Kilissé, sur tout le pourtour ouest et sud, de longues théories de travailleurs creusent des ouvrages, édifient des plates-formes d'artillerie, établissent des batteries. La même méthode implacable et sûre, qui ne laisse rien au hasard, se poursuit. Il y a mille chances contre une de supposer qu'un retour offensif des Turcs puisse ramener ceux-ci sur Lozengrad; cependant cette idée seule a suffi pour faire mettre la ville en parfait état de défense.

Au fur et à mesure que nous nous rapprochons d'Andrinople, le bruit du canon, dont nous perdions déjà l'habitude devient plus distinct. Tandis que nous cheminons encore tard le soir, très haut dans le ciel, très loin, tout droit devant nous, éclate un shrapnel dont la lueur blanche et crue illumine la nuée à l'entour.

Nous couchons à Gerdeli, dans la même petite maison d'école qui nous avait déjà abrités; mais alors tout était vivant autour de nous, tandis qu'aujourd'hui l'activité qui jadis remuait choses et gens s'est évanouie : un chien hurle lamentablement et s'enfuit dans la nuit lorsque nous poussons du pied la porte de la maison abandonnée; autour de nous, personne! rien! pas une âme qui vive dans le village désert!

Et il en est ainsi tout le long de la route. La vie intense des convois et des campements a subitement disparu; une partie a dû remonter vers Kirk-Kilissé d'où, en douze heures de trajet, la voie ferrée permet d'économiser six journées d'étapes; l'autre partie tourne autour d'Andrinople, en suivant le rail jusqu'à la gare de Kadiköj; de là, on gagne l'Arda par une bonne route qui passe à Simenli. De lourds camions automobiles, que l'on ne peut risquer sur les frêles pilots du pont de l'Ada, prennent, à partir de ce point, le chargement des chariots à buffles et, en une demi-journée, l'apportent à Dimotika.

Entre Kirk-Kilissé, Baba-Eski, Dimotika et Sinekli, les trains vont bientôt devenir très nombreux. La 2ᵉ division, qui opère sur la Maritza inférieure, vient de mettre la main sur Dédé-Agatch; on sait qu'un dépôt d'une quarantaine de locomotives turques doit s'y trouver avec du matériel roulant, renfort précieux qui permettra à la section des chemins de fer de l'état-major bulgare d'organiser un ravitaillement continu sur Sinekli et Tchataldja. Il permettra surtout, lorsque les troupes du génie auront mis la voie de Salonique à Dimotika en bon état de fonctionnement, de relier cette ville aux armées arrêtées devant Constantinople.

Pratiquement, la question du ravitaillement des Iʳᵉ et IIIᵉ armées, va donc être enfin résolue. L'importance de la chute d'Andrinople, à ce point de vue, semble donc diminuer de jour en jour. Et cependant jamais il n'a été aussi nécessaire, aussi indispensable à la cause bulgare que la forteresse tombe rapidement entre leurs mains. Pourquoi ce revirement?... L'action diplomatique qui s'ouvre, l'échec de Tchataldja font, suivant l'excel-

lente formule que je viens de lire tout à l'heure dans le *Temps*, « qu'il faut que les Bulgares con-
« quièrent Andrinople, afin qu'ils ne puissent
« rien réclamer, en concluant la paix, dont ils ne
« se soient auparavant rendus maîtres ».

Et voici pourquoi, tandis que je gravis à nouveau les hauteurs de Soukioun-tépé, le canon gronde, rugissant plus fort et plus violemment encore que devant Tchataldja. Le même horizon se découvre devant moi, les minarets pointus de la mosquée du sultan Sélim dressent toujours vers le ciel leurs aiguilles menues, entourées de cent autres pareils; Odrin est là toujours blanche, toujours gracieuse dans son cadre de verdure et cependant il semble que tout y soit comme voilé d'une teinte très grise, très triste... l'atmosphère, hier encore si limpide, est noircie par la fumée des obus qui explosent; des nuées basses et épaisses courent là-bas dans la vallée de la Maritza; il fait froid, l'on fris-
sonne... décembre approche... et Odrin agonise...

La canonnade roule à mes pieds avec des inten-
sités diverses. Devant moi, le fort d'Ekmekciköj riposte avec énergie au feu des batteries défilées que l'on voit, du même côté que nous, au flanc de la longue crête qui, partant de Vojgatch, des-

cend à l'est d'Ahisköj et de Kemal jusqu'à la Maritza. Cette ligne presque continue de pièces de siège se déroule très nette comme un long serpent noir strié de lumineux éclairs. Plus près, en arrière d'elle, dans le thalweg, parfaitement dissimulés aux vues, s'étalent largement les bivouacs d'infanterie. Ce sont les divisions serbes qui, de ce côté, ont renforcé l'investissement; elles ont pris la place de la 9e division partie combattre à Tchataldja. Lorsque je remonte sur Pacha-Malek, je rencontre une longue colonne de soldats serbes; ils appartiennent à la 5e division active qui occupe le secteur entre Toundja et Maritza. Une autre division, de réserve celle-là, est sur la rive droite de la Maritza, en liaison vers l'Arda, avec la 8e division bulgare qui poursuit l'attaque dans le secteur ouest. La 11e division bulgare a été reportée plus au sud, où elle complète l'investissement entre la Maritza inférieure et la Toundja. Son chef, le général Veltschef, est à Gebeler, me dit-on...

J'examine curieusement les Serbes que je vois pour la première fois « dans le bled » et mon impression est tout d'abord favorable. Leur habillement est d'une qualité infiniment meilleure que

celui des Bulgares, leurs voitures, plus légères
et rendues plus solides par des armatures en
fer, sont mieux attelées. Mais ces apparences, je
le reconnais sans peine, sont purement extérieu-
res et insignifiantes. Je ne puis en aucune façon
porter un jugement sur le peu que j'ai vu ainsi :
« Les Serbes vont à la guerre comme à la promenade! » me dit un peu dédaigneusement un capitaine d'état-major bulgare à Mustapha-Pacha. Je
pense, à part moi, que cela n'est déjà pas si mal
et qu'on a bien vite fait de décrier ainsi, par simple jalousie, ceux qui à Kumanovo ont peut-être
payé aussi cher leur succès que les vainqueurs de
Lozengrad ou de Lüle-Bourgas.

Lorsque je descends sur Mustapha-Pacha, le
jour tombe dans la campagne, rendant plus triste
encore la vision désolée de la cité jolie sertie dans
un cercle de fer et de feu. A mesure que l'obscurité augmente, les batteries semblent tonner plus
fort, plus violemment sur Odrin que la nuit enve-
loppe de ses voiles, comme un linceul, une morte.

En parcourant les lignes de l'investissement
primitif, puis celles que l'infanterie bulgare a
occupées un peu plus loin pour couvrir l'installation de l'artillerie de siège, en examinant enfin

les approches des tranchées, j'ai eu la confirma-
tion de la façon dont le siège et l'attaque avaient
été menés. Une place de guerre comme Andrinople, munie de fortifications puissantes, compor-
tant plusieurs des perfectionnements modernes,
sinon tous, probablement, et quoi qu'on dise, assez
largement approvisionnée pour résister un certain
temps, ne peut être attaquée partout à la fois avec
la même intensité. Une armée de plus de 200.000
hommes suffirait à peine à pareille besogne et ici
les Serbes et les Bulgares réunis n'en ont pas plus
de 80.000. Tout en investissant complètement la
place, il faut donc choisir un secteur où les attaques seront poussées d'une façon particulièrement
vive et se contenter de maintenir ses positions sur
les autres points, empêchant simplement tout
ravitaillement. C'est ce qu'avec une logique incomparable et des prévisions très sages, empréin-
tes, il faut le répéter encore, des enseignements
et des méthodes de l'état-major français, les Bulgares ont exécuté ici.

Par les combats sur tout le front, au moment de
la prise de contact générale, ils ont rejeté dans la
place la garnison, dont les éléments mobiles
avaient tenté à ce moment une vigoureuse offen-

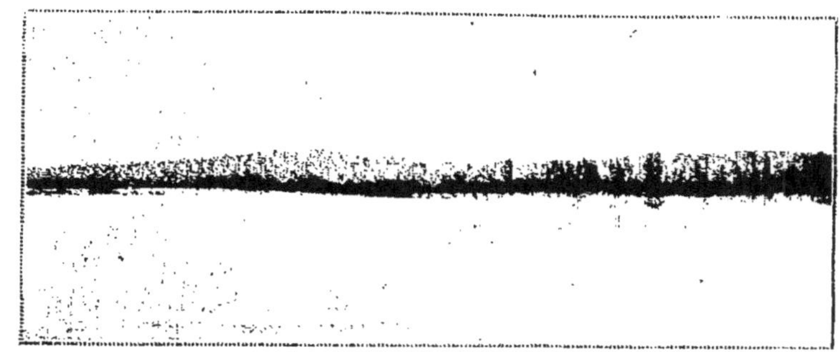

La Maritza débordée.

Un campement.

sive, en particulier à Jourouch, le 22 octobre. Puis, débordant le camp retranché à droite et à gauche, ils ont fermé la tenaille au sud, complétant ainsi l'investissement de la ville.

Dès lors, peu importait ce qui pouvait se passer à l'intérieur du cercle ainsi fermé. Toutes les sorties des Turcs se sont heurtées, dans quelque direction qu'elles fussent exécutées, à un mur continu de tranchées, de batteries et d'ouvrages de toute sorte. Peu importait que ces batteries et ces tranchées fussent garnies par les fusils de la 11e division plutôt que par ceux de la 9e ou de la 3e qui s'y trouvaient primitivement. Peu importait que ces fusils fussent devenus serbes, de bulgares qu'ils étaient d'abord. L'investissement établi, rien n'a pu le briser jusqu'à ce jour.

Mais investir une place, nous venons de le voir, ce n'est pas l'attaquer. Metz en 1870 fut investie et prise par la famine. Attendre ici que la faim eût fait son œuvre ne pouvait suffire. Cette guerre, que la Bulgarie a voulue si rapide, devait nécessiter une attaque très ardente et la prise aussi prompte que possible du camp retranché ottoman. Ce fut, d'ailleurs, autant une question morale due à l'orgueil national qu'une nécessité militaire. Cependant, au début de la guerre, cette nécessité ne pouvait être la préoccupation principale, l'unique souci des Bulgares, tandis qu'à l'heure actuelle elle semble tout d'un coup être devenue une loi de laquelle dépendent, ainsi que je l'expliquais tout à l'heure, les plus ou moins grandes chances d'une paix balkanique.

L'obligation de nourrir son attaque, de l'alimenter, d'y amener des pièces de siège de gros calibre et des munitions en abondance, que de longs charrois sur les voitures à buffles n'auraient pu suffire à conduire à pied d'œuvre, empêchaient les Bulgares de s'écarter excessivement de la voie ferrée. C'est ainsi qu'en dépit de la zone marécageuse qu'il offre, surtout vers le confluent de l'Arda et de la Maritza, le secteur choisi fut celui qui comprend le saillant nord-ouest de la place et que marquent les trois forts de Katas-tépé, de Papas-tépé et d'Ekmektchiköj.

L'ensemble de ces trois forts est relié par une suite de tranchées, d'ouvrages intermédiaires d'infanterie et de batteries enterrées. Comme au sud de l'Arda, le terrain aussi bien que l'isolement relatif du fort de Kartas-tépé permettait d'exécuter sur lui un tir convergent d'artillerie auquel il lui était difficile de répondre; aussi fut-ce par ce dernier ouvrage que l'attaque commença. Ecrasé sous une nappe de projectiles où les obus à grande capacité d'explosif se succédaient d'une façon ininterrompue, le fort fut évacué par sa garnison et l'infanterie bulgare s'y installa aussitôt. Des pièces de siège y furent amenées qui prirent à revers l'ensemble des ouvrages de Papas-tépé et les détruisirent sous leur feu. Dès lors, le secteur de l'Arda s'ouvrait béant, menant à Andrinople.

Dimanche dernier, 24 novembre, toute une série de combats ont eu lieu, les Turcs cherchant à rejeter les Bulgares vers l'ouest, ceux-ci progressant malgré tout et atteignant presque la gare de Karaagatch, tandis qu'au delà de la voie ferrée, dans le faubourg de la ville, au milieu des marais et des inondations, des incendies se déclaraient. allumés par les premiers shrapnels du bombardement que l'assiégeant commençait.

Mais avant d'en finir, en progressant plus loin, il faut encore faire tomber la série des ouvrages d'Ekmektchiköj, puisque ceux-ci peuvent inquiéter par leur feu le flanc des assaillants en marche entre l'Arda et la Maritza. C'est pourquoi, vers Papas-tépé nouvellement conquis, s'acheminent,

traînés en arrière des crêtes, canons longs et canons courts, qui demain vomiront le fer et la
fonte sur Ekmektchiköj, tandis que, plus au sud,
d'autres batteries continueront à bombarder la
ville en y semant la mort et l'incendie.

On se prépare pour l'attaque suprême. De longues colonnes bulgares, composées de recrues
nouvellement instruites et équipées, débarquent
à Mustapha-Pacha et viennent grossir les régiments déjà si diminués après deux mois d'une
épuisante campagne. A côté d'eux descendent
aussi du train des bataillons serbes de renfort.
Soldats et officiers sont couverts de fleurs qu'à
Sofia, à Philippopoli, la population leur a jetées
au passage dans les gares.

L'enthousiasme n'a pas décru et ces hommes,
ces jeunes gens, se mettent en route pour la première étape, en poussant des hourras frénétiques.
Mais aujourd'hui, ces cris, dont la puissante cla-
meur résonnait, il y a un mois, avec tant de force,
ne trouvent plus, sous la pluie qui tombe incessante, le joyeux écho qui y répondait alors.

Tout s'éteint... il semble que l'on soit las de tant
d'efforts pour se tuer.... A peine de temps à autre
un coup de canon vient-il ébranler la vallée de

son roulement assourdi... la pluie continue ser-
rée, fine, mettant un peu plus de deuil dans la
nature désolée par les hommes et par les choses.
Près de nous la Maritza roule, monstrueuse, énorme, inondant tout sur son passage, entraînant des
arbres déracinés, des madriers arrachés aux maisons, mille débris de toute sorte et de toute pro-
venance dans son cours impétueux. Ses flots dé-
bordés viennent battre les rues basses de Mustapha-Pacha. Puis le fleuve, en grondant, continue
follement sa course vers la ville captive, tandis
que, face à face, accroupis dans les tranchées,
musulmans et chrétiens songent encore à la mort
qui les guette, mais aussi parlent à voix basse
d'une chose dont on ose à peine prononcer le
nom... la paix!

CHAPITRE X

APRÈS

Retour à Sofia. — L'erreur allemande. — La critique
de l'œuvre bulgare. — Un exemple.

De Mustapha-Pacha à Sofia, c'est un train de
ravitaillement remontant à vide qui nous ramène
vers la capitale. Pendant vingt-huit heures, qui
nous parurent bien courtes d'ailleurs, nous sommes
pour la dernière fois cahotés et secoués. Irons-
nous même sans rompre charge jusqu'au bout?
Nous n'en sommes pas bien persuadés et l'aimable commandant militaire de la gare de Tir-
now-Seïmen non plus!

Nous arrivons cependant et Sofia, aurore de la
civilisation, nous apparaît comme une terre pro-
mise, un paradis enfin obtenu.... Je ne décrirai
pas la délicieuse impression que cause la jouis-
sance d'une chambre, d'un hôtel, d'une baignoire.
Cependant la guerre est toujours là et les derniers
spectacles entrevus ne nous la laissent pas oublier.
Comme nous nous rendons de la gare à l'hôtel,

de puissants hourrahs retentissent, au moment
où nous croisons une colonne d'infanterie qui
tient toute la longueur de la grande avenue menant à la cathédrale.

Equipés de neuf, chaussés de grandes bottes
jaunes, revêtus de la capote grise traditionnelle,
les fantassins bulgares martellent lourdement les
pavés des rues de leurs pas lentement cadencés.
Ce sont de tout jeunes gens, presque des enfants.
C'est la classe appelée en septembre au moment
de la mobilisation et que l'on envoie maintenant
dans les rangs éclaircis des régiments glorieux de
Kirk-Kilissé, d'Andrinople et de Tchataldja. Mélangés à leurs anciens, ils vont faire merveille
et compenseront par leur cœur et leur enthousiasme ardent le fanatisme farouche et la fatalis-
me des hordes fraîchement débarquées d'Asie. La
ville est pleine de leurs clameurs, cris de joie et
cris de triomphe qui sonnent ici le glas de la
Turquie en Europe.

Nous nous rendons deux jours après à la gare
pour quitter la Bulgarie et, sous le hall qui recouvre les trottoirs, les mêmes cris, les mêmes clameurs retentissent aussi vibrants, aussi triom-
phants que l'avant-veille dans la ville. Ce sont des

Serbes, des recrues serbes, qui se rendent à Mustapha-Pacha et viennent y renforcer les divisions alliées du corps de siège. La population de la capitale du royaume bulgare les acclame et les couvre de fleurs qui ornent bientôt les ceinturons et les bonnets de fourrure. L'enthousiasme ici n'a pas diminué et si là-bas, dans les champs de Thrace ou devant Tchataldja, l'ardeur du début a paru fléchir au milieu des souffrances sans nom d'un lamentable automne et des privations incessantes, le réservoir d'énergie qui est derrière, le cœur de la nation, est toujours aussi débordant.

La Bulgarie est désormais victorieuse; elle devient vraiment la grande Bulgarie que, jadis, au traité de San Stefano, le tsar libérateur Alexandre II avait pensé instaurer. L'Europe bismarckienne ne l'avait pas permis : en ce temps-là, la justice marchait à la prussienne et l'avidité économique des mercantiles allemands songeait déjà sans doute au placement admirable qu'une Turquie délabrée et vieillie offrairait aux firmes germaniques.

Peu importait, en effet, que la Macédoine fût une géhenne pleine de larmes et de sang, que la Thrace et ses vilayets chrétiens demeurassent asservis éternellement sous le joug détesté du Croissant! Ce qu'il fallait, c'était permettre un honorable pourcentage dans les commandes faites à l'industrie étrangère, c'était vendre des rails, des locomotives, des fusils et des canons surtout, c'était préparer les accords du Bagdad, c'était transformer les débris de l'empire du calife en une colonie allemande.

Or, voici qu'un petit-fils de la maison de France, encouragé et aidé de la diplomatie de notre pays, vient de porter le coup de hache dans l'édifice branlant. Quels que soient les résultats de la Conférence de Londres, que les hostilités reprennent ou que la paix soit conclue, l'Islam a virtuellement vécu sur la terre d'Europe; suivant le mot très vrai de Stéphane Lauzanne : « L'influence « allemande s'effondre sous les rires et le mé- « pris. » Quelle joie pour les cœurs français de songer à demain où peut-être nous verrons les portes de Stamboul enfoncées par les canons du Creusot! Dans la déroute éperdue des armées turques, les officiers allemands ont dû fuir au milieu des Ottomans débandés : les von Lussow, les Hochwechter, les Tupchefski, les Weit, etc. Et ils ont fui devant ceux qui, suivant l'expression de Radko-Dimitrief, avaient appris la guerre aux leçons de Bonnal et de Langlois.

C'est pour moi un honneur et une grande fierté d'avoir été l'un des rares témoins de ces impérissables événements. Si parfois j'ai cru devoir dire aux Bulgares, ou écrire sur eux d'une façon très nette ce que je croyais la vérité et ce que l'on a pu prendre pour un blâme, je tiens cependant à ajouter que l'exacte appréciation que j'ai pensé devoir donner ainsi a toujours comporté une part toujours beaucoup plus grande de louanges, tribut sincère de mon admiration, que de critiques inévitables à toute action politique ou de guerre.

Il n'est ni de mon âge, ni de mon caractère de distribuer le blâme ou l'éloge. Cependant, puisque les circonstances ont fait qu'en quelques matières l'on a bien voulu donner à mes paroles un poids et une notoriété considérables, je tiens à justifier mes appréciations vis-à-vis de mon amour ardent de la cause des Slaves qui est aussi la nôtre. Je dirai que la mauvaise amitié peut être aveugle et ne pas voir, mais que la bonne et durable affection sait formuler des observations. Quel prix attacher, en effet, à la louange d'un homme uniformément louangeur? Pourquoi ne pas formuler des reproches mérités?... Les Bulgares l'ont bien pensé ainsi, car nul d'entre eux ne m'en fit un grief, reconnaissant le véritable ami autant dans une indulgente critique que dans un ardent témoignage d'admiration pour le triomphe de la cause sacrée de la chrétienté civilisatrice sur l'Islam cruel et meurtrier.

Au demeurant, ceci n'importe point. Ce qui reste de leur œuvre est assez grand, assez immortel pour pouvoir satisfaire l'orgueil national le plus jaloux... et à ceux qui pleurent et à ceux qui gémissent loin de nous, arrachés à la mère-patrie par une inconcevable erreur de droit et de justice, à nous-mêmes qui n'avons pas encore su les reprendre, nous pourrions citer en exemple ce que la chrétienté slave vient de faire en moins de 35 années, comment elle s'est libérée à jamais d'un joug détesté, vieux de quatre siècles... Quand à notre tour l'heure viendra de secouer les chaînes de l'hégémonie allemande qui pèsent d'un poids toujours plus lourd sur la vie nationale et sur l'Europe, alors nous pourrons nous dire à ce moment en songeant aux Bulgares et en rappelant leur souvenir : « Faisons comme eux ! »

TABLE DES MATIÈRES

Marc Imhaus et René Chapelot, imprimeurs, Nancy et Paris

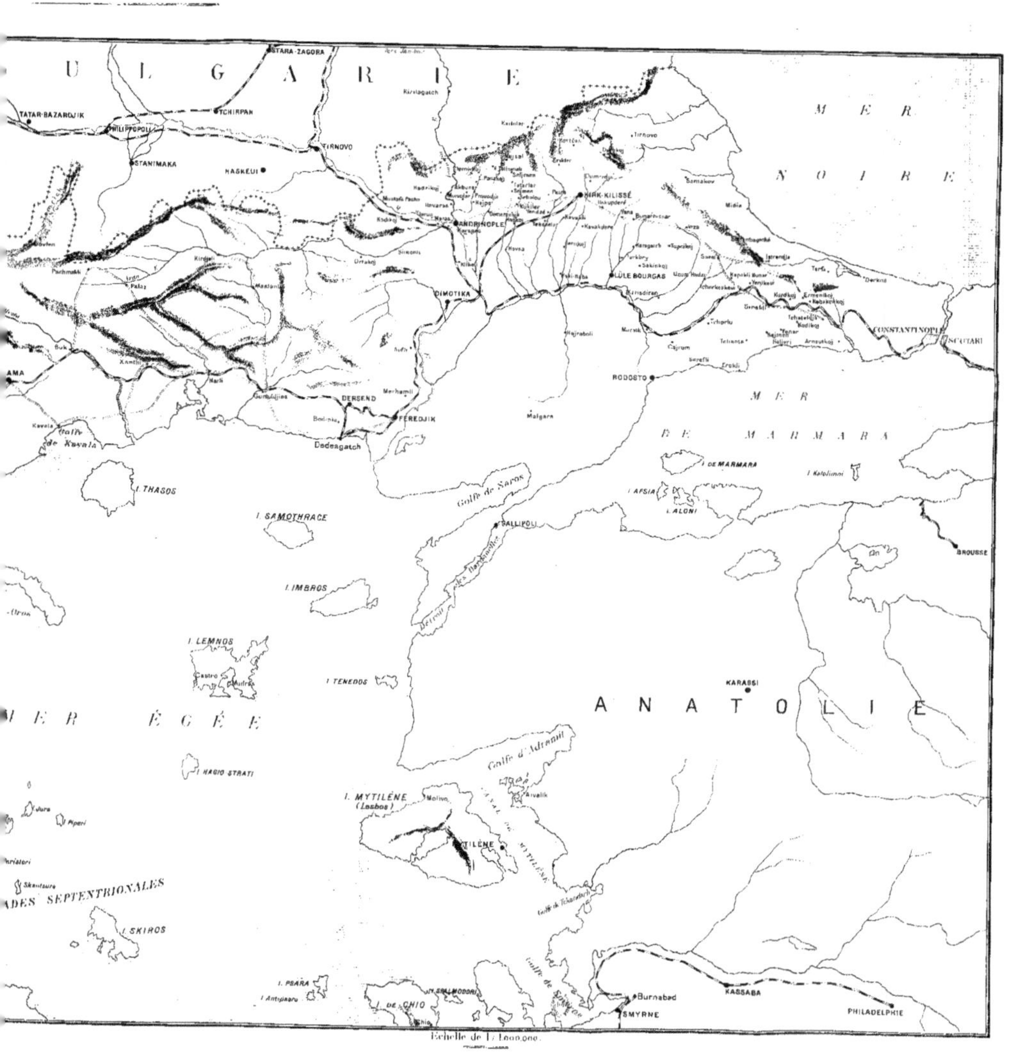

B U L G A R I E
STARA-ZAGORA
Kirslagatch
MER
TATAR-BAZARDJIK
TCHIRPAN
NOIRE
PHILIPPOPOLI
TIRNOVO
Tirnovo
STANIMAKA
HASKEUI
KIRK-KILISSÉ
ANDRINOPLE
LÜLE BOURGAS
CONSTANTINOPLE
SCUTARI
DIMOTIKA
RODOSTO
MER
DE MARMARA
AMA
I. DE MARMARA
I. Kalolimni
DERSEND
FÉREDJIK
Malgara
Dadeagatch
I. THASOS
Golfe de Saros
I. AFSIA
BROUSSE
I. SAMOTHRACE
GALLIPOLI
I. ALONI
I. IMBROS
I. LEMNOS
Castro
KARASSI
I. TENEDOS
A N A T O L I E
MER ÉGÉE
I. HAGIO-STRATI
Golfe d'Adramit
I. MYTILÉNE
(Lesbos)
Molivo
MYTILÉNE
DES SEPTENTRIONALES
I. SKIROS
I. PSARA
Burnabad
KASSABA
I. Antipsara
I. DE CHIO
SMYRNE
PHILADELPHIE
Échelle de 1.500.000